A mis hijos.

FSC
www.fsc.org
MIXTO
Papel procedente de
fuentes responsables
Paper from
responsible sources
FSC® C105338

Economía y confrontación

Un punto de vista económico de la primera mitad de un siglo convulso

José Manuel Santos Vázquez

No se permite la reproducción total o parcial de esta obra, ni su incorporación a un sistema informático, ni su transmisión en cualquier forma o por cualquier medio (electrónico, mecánico, fotocopia, grabación u otros) sin autorización previa y por escrito de los titulares del copyright. La infracción de dichos derechos puede constituir un delito contra la propiedad intelectual.

© José Manuel Santos Vázquez, 2025

Editorial: BoD · Books on Demand, Calle de Manzanares, 4, 28005 Madrid, bod@bod.com.es

Impresión: Libri Plureos GmbH, Friedensallee 273, 22763 Hamburg (Alemania)

ISBN: 978-84-1092-096-5

Prólogo: La marcha inexorable del siglo XX

Aquel invierno a finales del siglo XIX, mientras el frío cubría las calles de Berlín, París y Londres, una sensación de invulnerabilidad recorría los grandes imperios de Europa. La tecnología, la ciencia, la industria... todo parecía al alcance de la humanidad, lista para ser dominada. Las máquinas rugían en las fábricas, el humo subía como un símbolo del progreso, y el mundo, o al menos las grandes capitales de Europa y América del Norte, estaban seguras de una cosa: el futuro sería brillante y próspero.

Sin embargo, nadie en las oficinas de los bancos y las fábricas, ni siquiera en los oscuros rincones de las minas o las ruidosas fábricas textiles, veía el abismo al que el mundo se estaba acercando. Todo lo que importaba era el crecimiento. Más producción, más riqueza, más poder. Esa era la consigna que movía a los grandes empresarios, los políticos y los economistas de la época. Y bajo esa misma premisa, la humanidad marchaba ciega hacia su propia destrucción.

El cambio de siglo no fue solo un cambio de calendario; fue un momento de convulsión en el que las viejas certezas comenzaron a desmoronarse. Los imperios, aquellos gigantes que se creían invulnerables, empezaban a mostrar grietas. Alemania, joven y ambiciosa, emergía como una fuerza económica y militar que desafiaba la hegemonía de Gran Bretaña. Estados Unidos, después de su guerra civil, se levantaba con una economía que parecía no tener límites. Mientras tanto, Francia intentaba recuperar su gloria perdida tras su derrota en la guerra franco-prusiana, y Rusia, una nación vasta y compleja, luchaba por modernizarse bajo la sombra de su antiguo régimen.

Pero la promesa de progreso económico traía consigo sus propias trampas. El capitalismo industrial que había transformado el mundo en la segunda mitad del siglo XIX ahora comenzaba a mostrar sus límites. El acero, el carbón, el petróleo... esos recursos que impulsaban las fábricas y los motores se estaban convirtiendo en causas de conflictos, y la búsqueda de nuevos mercados y fuentes de materias primas se volvió una obsesión para las grandes potencias.

El mundo colonial se había convertido en el tablero de ajedrez sobre el cual los imperios jugaban su partida de expansión. África, Asia y América Latina se repartían entre las grandes potencias como si fueran meros recursos por explotar. Las conferencias diplomáticas en Europa se llenaban de mapas y tratados que definían las fronteras de territorios lejanos, sin importar las vidas que se perderían en esos mismos lugares. El reparto de África, sellado en la Conferencia de Berlín de 1884-1885, fue solo uno de los muchos ejemplos de cómo el hambre por el poder económico y político moldeaba el mundo.

Pero mientras los imperios construían su riqueza a expensas de otros, la desigualdad crecía dentro de sus propias fronteras. Las ciudades industriales, que eran vistas como símbolos de progreso y modernidad, se estaban convirtiendo en hervideros de descontento. En las fábricas, los obreros trabajaban jornadas interminables, apenas ganando lo suficiente para sobrevivir, mientras que los dueños de esas fábricas acumulaban fortunas inmensas. El capitalismo estaba creando no solo riqueza, sino también resentimiento. Y ese resentimiento, tarde o temprano, encontraría su salida.

El acero era el corazón de la nueva era industrial. Sin él, no habrían existido los rascacielos que se alzaban en Nueva York, las vías férreas que cruzaban continentes, ni los acorazados que protegían los imperios. El acero era el músculo de las naciones modernas, y quienes lo controlaban tenían el poder.

A comienzos del siglo XX, dos naciones emergían como las grandes productoras de acero: Estados Unidos y Alemania. En Pittsburgh, Andrew Carnegie había construido un imperio sobre el acero, controlando cada aspecto de su producción, desde las minas de hierro hasta las fábricas que lo moldeaban. En Alemania, las empresas Krupp y Thyssen se convertían en sinónimos de poder industrial, produciendo no solo acero para los trenes y los barcos, sino también para la maquinaria de guerra que pronto sería utilizada en una escala inimaginable.

El petróleo, por su parte, era el nuevo recurso que todos deseaban. El "oro negro", como muchos ya lo llamaban, se había convertido en el motor de la industria automotriz y naval. Con la invención del motor de combustión interna, el petróleo prometía transformar el transporte y la guerra. En Estados Unidos, John D.
Rockefeller había consolidado su control sobre la producción y distribución de petróleo a través de su empresa, Standard Oil, lo que le permitió acumular una fortuna inmensa y un poder sin precedentes. En Rusia, los campos petroleros del Cáucaso atraían a inversores de todo el mundo, y en Oriente Medio, las grandes potencias europeas ya comenzaban a fijar su mirada en los yacimientos que pronto dominarían la geopolítica mundial.

Pero la riqueza que generaban el acero y el petróleo no se distribuía de manera equitativa. Las ciudades industriales eran lugares de contradicción. Por un lado, eran símbolos de modernidad, con sus fábricas y edificios imponentes; por otro, eran lugares de sufrimiento, donde miles de trabajadores vivían en condiciones miserables. El auge de los monopolios en Estados Unidos y Europa reflejaba esta contradicción. Mientras que unos pocos empresarios se enriquecían, la mayoría de la población trabajadora apenas podía subsistir.

En las oficinas de los banqueros y los industriales, la palabra "crisis" comenzaba a resonar cada vez con más fuerza. La acumulación desmedida de capital, la concentración de industrias en manos de unos pocos, y la creciente especulación financiera creaban las condiciones para una inestabilidad económica que, en cualquier momento, podría desencadenarse. Los empresarios y los políticos sabían que la expansión no podía continuar indefinidamente sin consecuencias, pero pocos estaban dispuestos a frenar la marcha. La avaricia por el crecimiento económico cegaba a muchos, incapaces de ver que el sistema que habían construido era insostenible.

El cambio de siglo también trajo consigo nuevos movimientos sociales que amenazaban con desmantelar el orden establecido. El socialismo, el anarquismo y el sindicalismo comenzaban a ganar adeptos en toda Europa y

América. En las fábricas de Berlín, París y Londres, los trabajadores se organizaban en sindicatos y partidos políticos que exigían mejores condiciones laborales, salarios justos y el fin de la explotación capitalista. La lucha de clases que Karl Marx había predicho en el siglo anterior parecía estar materializándose a medida que las tensiones entre la clase trabajadora y la élite empresarial aumentaban.

En Rusia, los ecos de la revolución ya comenzaban a resonar. El imperio de los zares, una de las autocracias más antiguas de Europa, estaba al borde del colapso. La pobreza extrema, la falta de reformas y el creciente descontento social alimentaban la rebelión. La Revolución de 1905 fue un primer aviso de lo que estaba por venir. Los campesinos y los trabajadores industriales, cansados de la opresión, se levantaron en huelgas y protestas masivas, exigiendo un cambio. Aunque la revolución fue sofocada temporalmente, las semillas de la discordia habían sido sembradas, y Rusia estaba en el camino hacia una transformación radical.

En otras partes de Europa, el miedo al socialismo crecía entre las clases dominantes. En Alemania, el Partido Socialdemócrata Alemán (SPD) se había convertido en una de las fuerzas políticas más poderosas del país, abogando por una redistribución de la riqueza y un mayor control estatal sobre la economía. En Francia, los movimientos anarquistas ganaban popularidad entre los trabajadores, mientras que en Italia, el socialismo se expandía rápidamente, generando preocupación entre las élites.

Al mismo tiempo, el nacionalismo se intensificaba en todo el continente. Las naciones, empujadas por la competencia económica y la rivalidad imperialista, buscaban consolidar su poder a través de la expansión territorial y la dominación militar. Los Balcanes, en particular, se convirtieron en un polvorín de tensiones étnicas y políticas, con Serbia, Austria-Hungría y Rusia luchando por la influencia en la región.

La carrera armamentista que precedió a la Primera Guerra Mundial fue en gran parte el resultado de la competencia económica entre las grandes potencias. Alemania, Reino Unido, Francia y Rusia invertían enormes sumas en la modernización de sus ejércitos y flotas. Las industrias de armamentos prosperaban, produciendo rifles, cañones, acorazados y submarinos a una velocidad nunca vista.

Esta militarización de las economías no era solo una preparación para la guerra; también era una forma de sostener el crecimiento económico. Las naciones necesitaban nuevos mercados para sus productos y nuevas fuentes de materias primas. La expansión territorial, ya fuera a
través de la colonización o la anexión de territorios vecinos, se veía como una solución para los problemas económicos internos. El imperialismo, impulsado por la necesidad de recursos, se convirtió en una de las principales causas de la guerra.

Un economista de prestigio

En el convulso escenario de la Alemania de entreguerras, una figura se destacaba en la bruma de la desesperación: Hjalmar Schacht. Su vida y su obra se entrelazan con los acontecimientos que moldearon no solo la economía de un país, sino el destino de Europa en su conjunto. Nacido en 1877, Schacht se convirtió en un economista visionario en un tiempo de crisis. A medida que el país se desmoronaba bajo el peso de la hiperinflación y las humillaciones del Tratado de Versalles, su genio se erigió como un faro de esperanza.

Con una formación sólida en economía y una mente ágil, Schacht supo navegar las turbulentas aguas del sistema financiero. En 1923, cuando la inflación alcanzó niveles absurdos y la moneda alemana se convertía en papel pintado, fue nombrado gobernador del Banco de Alemania. Con su liderazgo, introdujo el Rentenmark, una medida que restauró la fe del pueblo en su moneda y estabilizó la economía. Este éxito no solo lo catapultó a la fama, sino que también lo convirtió en un actor clave en el proceso de reconstrucción nacional.

Sin embargo, la estabilidad económica que logró Schacht fue un arma de doble filo. Mientras la Alemania de Weimar intentaba levantarse de sus cenizas, surgían fuerzas extremas, dispuestas a capitalizar el descontento popular. La llegada de Adolf Hitler y el Partido Nazi al poder en 1933 marcó un nuevo capítulo en la historia de Alemania. Al principio, Schacht fue reticente; observaba con escepticismo el ascenso del régimen, temiendo que su ideología radical socavara los logros económicos. Pero su pragmatismo y su deseo de servir a la nación lo llevaron a aceptar el cargo de Ministro de Economía.

Bajo su dirección, Alemania se embarcó en un ambicioso programa de rearme y expansión. Schacht comprendía que la economía alemana necesitaba un impulso, y la militarización parecía ofrecer un camino claro. Los trabajadores comenzaron a encontrar empleo en fábricas que producían armas y materiales bélicos, y las cifras de desempleo disminuyeron drásticamente. La revitalización económica se convirtió en un grito de guerra para un pueblo cansado de la humillación. Sin embargo, Schacht, el arquitecto de este renacimiento, se encontraba atrapado en una red de contradicciones.

A medida que la máquina de guerra de Alemania comenzaba a girar, la política de autarquía se volvió primordial. Schacht abogó por la autosuficiencia económica, un enfoque que resonaba con la ideología nazi de la grandeza nacional. La industria alemana floreció, pero a costa de políticas económicas que no podían sostenerse a largo plazo. A medida que las tensiones crecían en Europa, Schacht se vio cada vez más presionado por los líderes nazis, quienes demandaban resultados inmediatos y una lealtad inquebrantable a su causa.

El conflicto interno se volvió palpable. Schacht, un economista que había rescatado a Alemania de la ruina, comenzó a cuestionar los métodos del régimen. Su visión de una economía sostenible chocaba con la ideología agresiva y expansionista de Hitler y su círculo íntimo. A pesar de sus esfuerzos por moderar la política económica, se dio cuenta de que su influencia estaba disminuyendo. En 1939, fue destituido, una decisión que marcó el final de su era y el inicio de un ciclo de militarización que llevaría al país a la catástrofe.

La salida de Schacht del escenario político no fue un acto de rendición, sino un momento de reflexión. En sus memorias, escribió sobre los dilemas éticos que enfrentó y los peligros de aliarse con un régimen que distorsionaba la realidad en nombre de la ideología. Su historia se convirtió en un estudio sobre la ambivalencia de los economistas en tiempos de crisis: el balance entre la prosperidad y la complicidad.

La economía del Tercer Reich fue un entramado de estrategias brillantes y decisiones cuestionables, donde la habilidad técnica de Schacht permitió al régimen establecer un control férreo sobre la economía. Sin embargo, el costo de esta prosperidad fue alto. Las políticas de rearme y autarquía no solo sentaron las bases para la Segunda Guerra Mundial, sino que también llevaron a la explotación de recursos y personas en una escala sin precedentes. La ambición de Hitler y su círculo, alimentada por la retórica de la grandeza nacional, condujo a una guerra devastadora que arrasaría Europa.

En este relato más amplio sobre la historia económica del Reich, la figura de Hjalmar Schacht emerge como un símbolo de la tensión entre la lógica económica y la moralidad. Su legado nos invita a reflexionar sobre cómo las decisiones tomadas en momentos de crisis pueden tener repercusiones duraderas. A través de sus logros y fracasos, Schacht nos enseña que la economía no es solo una cuestión de números; es una disciplina profundamente arraigada en la ética y la responsabilidad.

La Alemania que se levantó de las cenizas de la Primera Guerra Mundial es la misma que se sumió en la oscuridad de la Segunda. La historia de Schacht no es solo la historia de un economista; es la historia de una nación que luchó por encontrar su identidad en medio del caos. A medida que nos adentramos en este relato, exploraremos las decisiones que llevaron a Alemania a convertirse en una potencia militar, los sacrificios que se hicieron en el camino y las lecciones que aún resuenan en el mundo contemporáneo. La economía del Tercer Reich fue, en última instancia, un reflejo de las ambiciones humanas, y en sus sombras se encuentran las advertencias de un pasado que no debemos olvidar.

Las decisiones de Schacht, su lucha por el equilibrio entre la prosperidad económica y la moralidad, y su eventual caída del poder nos permiten explorar cómo los economistas pueden ser tanto constructores como destructores en la historia. El relato de Hjalmar Schacht es un hilo que conecta el pasado con el presente, un recordatorio de que, en la búsqueda de un futuro mejor, la ética no debe ser sacrificada en el altar de la ambición.

Así, comenzamos un viaje a través de los laberintos económicos del Tercer Reich, donde la historia de Hjalmar Schacht será el hilo conductor. A medida que desentrañamos las complejidades de la política económica, los dilemas morales y las decisiones que llevaron a la guerra, se revelará la interconexión entre la economía y la política, y el papel crucial que desempeñan los individuos en el tejido de la historia. Schacht, con todas sus virtudes y defectos, será el reflejo de una época, y su historia servirá como un espejo de los desafíos que enfrentamos en nuestro propio tiempo.

En un Berlín de inicios de los años treinta, el eco de la Gran Depresión aún resonaba en las calles. La hiperinflación de 1923 había dejado profundas cicatrices en la economía alemana, y el descontento social crecía. En este contexto de desesperación, dos figuras emergieron en el escenario político y económico: Adolf Hitler, un líder carismático que prometía restaurar la grandeza de Alemania, y Hjalmar Schacht, un economista astuto y pragmático cuya influencia sería fundamental en la consolidación del régimen nazi.

Schacht, un hombre de mediana edad con una mente brillante, había ocupado el cargo de presidente del Reichsbank y se había ganado una reputación como un reformador audaz. En la sombra, observaba cómo el Partido Nazi ganaba terreno, captando la atención de una población ansiosa por respuestas.

Schacht, consciente del potencial de Hitler para movilizar a las masas, vio en el Führer una oportunidad para poner en práctica sus propias ideas económicas.

A medida que Hitler ascendía al poder en 1933, Schacht se convirtió en su principal asesor económico. El plan de Schacht era claro: revitalizar la economía alemana mediante una combinación de políticas expansivas y militarización. Creía firmemente que la única manera de restaurar la estabilidad económica era a través de un enfoque audaz y no convencional. Su propuesta inicial fue crear empleo masivo a través de proyectos de infraestructura, que no solo mejorarían la economía, sino que también alimentarían el fervor nacionalista del pueblo alemán.

El primer gran proyecto que Schacht impulsó fue la construcción de autobahn, una vasta red de autopistas que conectaría el país. No solo proporcionó trabajo a miles de desempleados, sino que también simbolizaba la ambición de un nuevo orden en Alemania. La construcción de estas autopistas se convirtió en una metáfora de la resurrección de la nación, y Hitler se aprovechó de este símbolo en sus discursos, prometiendo un futuro brillante.

Sin embargo, la relación entre Schacht y Hitler no era simplemente la de un asesor y su líder. Schacht comprendía que para mantener su influencia, debía equilibrar sus propias convicciones económicas con las demandas políticas del régimen. A pesar de su escepticismo hacia el antisemitismo, Schacht participó en las políticas económicas que marginaron a la comunidad judía, ya que consideraba que debían hacerse sacrificios por el bien mayor de la economía nacional. Esta decisión, aunque pragmática desde un punto de vista económico, le costaría su integridad personal.

A medida que el régimen nazi comenzó a implementar políticas más agresivas, Schacht se dio cuenta de que su enfoque inicial estaba en peligro. La militarización de la economía, que él había apoyado al principio, comenzó a transformarse en una obsesión por parte de Hitler. Schacht había imaginado un crecimiento sostenido y controlado, pero Hitler buscaba una expansión rápida y desmedida, lo que llevó a un aumento del gasto militar y un desvío de los recursos necesarios para el bienestar civil.

En los años siguientes, Schacht intentó navegar esta compleja situación. En 1934, promovió la creación de un nuevo plan de autarquía económica que buscaba hacer a Alemania autosuficiente. El objetivo era reducir la dependencia de las importaciones, especialmente de materias primas, y estimular la producción local. Sin embargo, el enfoque militar de Hitler, que requería recursos cada vez más desmesurados, socavó estos esfuerzos. La tensión entre la visión económica de Schacht y la creciente agresión militar del régimen se hizo palpable.

A pesar de estas diferencias, Schacht continuó siendo un actor clave en el financiamiento del régimen. Estableció el llamado "milagro económico" de Alemania, donde el crédito barato y la emisión de deuda permitieron un crecimiento económico rápido. Este fenómeno, aunque admirable en superficie, estaba construyendo una burbuja que Schacht temía que podría estallar. Su preocupación crecía mientras el país se encaminaba hacia un conflicto que él sabía que podría devastar no solo la economía, sino también la nación misma.

En 1939, cuando estalló la Segunda Guerra Mundial, Schacht se vio atrapado en una red de lealtades y responsabilidades. A pesar de haber sido un arquitecto clave de la economía nazi, se opuso a la guerra total que Hitler promovía. En reuniones con altos funcionarios, expresaba su preocupación por las implicaciones económicas del conflicto. Su voz, sin embargo, era cada vez más silenciada. El régimen había comenzado a tomar decisiones que estaban fuera de su control, y Schacht se dio cuenta de que su influencia se desvanecía.

En 1943, tras años de tensiones, Schacht fue destituido de su cargo. Su visión de una Alemania próspera y estable había sido reemplazada por la locura del militarismo y el totalitarismo. Aunque había intentado mantener su integridad y su enfoque pragmático, se encontró marginado, un testigo de la destrucción de lo que había trabajado tan arduamente por construir.

A medida que la guerra se tornaba en un desastre, Schacht reflexionó sobre su papel en la historia. Había sido un hombre de ideas innovadoras, un economista que trató de salvar a su país, pero también había sido cómplice de un régimen que llevó a Alemania a la ruina. La culpa lo consumía mientras el país se desmoronaba a su alrededor.

En la década de 1940, con la caída del Tercer Reich, Schacht fue arrestado y juzgado en Nuremberg. Aunque logró eludir la condena a muerte, su legado quedó manchado por su asociación con un régimen que había traído sufrimiento y destrucción. Mientras enfrentaba su propio juicio, comprendió que, en su búsqueda por restaurar la grandeza de Alemania, había ayudado a construir un monstruo que devoraría a su propio creador.

El relato de Schacht y Hitler es un recordatorio de cómo la ambición y la economía pueden entrelazarse de maneras imprevistas, y de cómo las decisiones tomadas en nombre del bienestar nacional pueden tener consecuencias devastadoras. En su búsqueda por revitalizar una nación herida, Schacht se convirtió en un protagonista de una tragedia que cambiaría el curso de la historia.

Un ideólogo visionario

Alfred Rosenberg, en los círculos más íntimos del nacionalsocialismo, siempre caminaba con paso medido, su presencia era la de un intelectual entre guerreros. Su figura, desprovista del carisma incendiario de un Goebbels o la astucia militar de un Göring, se fundía más bien en el perfil de un pensador, de un ideólogo que tenía la mirada puesta no solo en el presente, sino en la construcción de un futuro de proporciones titánicas, donde el Tercer Reich dominaría tanto en el plano cultural como en el económico.

Era el otoño de 1921 cuando Rosenberg, con apenas 28 años, caminaba por las calles de Múnich con el manuscrito de su ensayo, "El mito del siglo XX", recién terminado. Su idea, todavía cruda, proponía una reconfiguración del espíritu europeo, una raza aria resurgente que, según él, había sido contaminada por influencias extranjeras, especialmente el judaísmo y el bolchevismo. Aunque sus teorías parecían deslavazadas a ojos de muchos, para Adolf Hitler representaban una base filosófica sobre la que cimentar su proyecto político.

El ascenso de Hitler había comenzado con su talento para captar las emociones del pueblo alemán, herido y humillado tras la Primera Guerra Mundial y el Tratado de Versalles. Pero era Rosenberg quien dotaba de sustancia ideológica y una justificación histórica a ese malestar, transformándolo en algo más grande, en una cosmovisión que no solo reclamaba la pureza racial, sino también una renovación económica. Alemania debía liberarse de las garras de la especulación judía y de las imposiciones financieras internacionales, como las de los bancos franceses y británicos, que exigían reparaciones imposibles de pagar.

Para Rosenberg, el plano económico era tan fundamental como el racial. Convencido de que la raza aria debía ser la rectora en todos los aspectos de la vida, veía en las finanzas internacionales una batalla que Alemania debía ganar. Hitler escuchaba atentamente cada palabra que Rosenberg pronunciaba sobre el dominio de los bancos judíos en Europa, y en esas conversaciones íntimas, ya en 1923, ambos vislumbraban una Alemania que se liberaría del yugo impuesto por la Gran Depresión, la hiperinflación y el desastre económico que había dejado la Primera Guerra Mundial.

El fracaso del Putsch de Múnich fue un golpe devastador para el nacionalsocialismo. Sin embargo, Rosenberg aprovechó esos años oscuros para profundizar en su trabajo ideológico. Mientras Hitler estaba en prisión, Rosenberg fue designado para liderar el partido, aunque su influencia real en ese periodo fue limitada. Su verdadera contribución se centró en los libros y ensayos que escribió, que con el tiempo se convirtieron en material esencial para la formación de las juventudes hitlerianas y los cuadros más ideologizados del régimen.

Con el ascenso al poder de Hitler en 1933, Rosenberg finalmente encontró un espacio donde sus teorías podían materializarse. Fue nombrado jefe de la Oficina de Asuntos Exteriores del Partido Nacionalsocialista, lo que le permitió establecer contacto con figuras clave en la política y economía alemana. Sin embargo, no fue sino hasta la consolidación del poder nacionalsocialista, tras la Noche de los Cuchillos Largos, cuando Rosenberg empezó a tener mayor influencia en la configuración económica del Reich.

Rosenberg veía el control económico como una necesidad para la supervivencia del Estado nazi. Bajo su visión, la economía debía estar subordinada a los intereses del Estado racial. Las grandes empresas y las industrias debían servir al propósito del Führer, y cualquier desviación de este objetivo era, en sus ojos, una traición. A menudo chocaba con otros miembros del régimen, como Hjalmar Schacht, el ministro de Economía, quien abogaba por un enfoque más pragmático, centrándose en la estabilización del marco alemán y en atraer inversiones extranjeras. Pero Rosenberg no veía en la estabilidad económica un fin en sí mismo, sino un medio para alcanzar la supremacía racial.

Su relación con Hitler, aunque respetuosa, no era de cercanía personal, pero sí de una afinidad intelectual. Rosenberg y Hitler compartían la convicción de que la economía debía ser una herramienta al servicio de la raza, no un espacio autónomo. En sus charlas privadas, Hitler elogiaba la capacidad de Rosenberg para comprender la necesidad de una economía dirigida, pero sabía que Rosenberg no era un hombre de acción, sino de ideas.

En las noches silenciosas de Berlín, mientras las luces de la Cancillería permanecían encendidas hasta altas horas, Rosenberg se sumergía en el estudio de los textos económicos que reforzaban su convicción de que la guerra era inevitable. La economía alemana, por más esfuerzos que hiciera Schacht, no podría sostenerse indefinidamente sin expandir su territorio y sus recursos.

Para Rosenberg, el "espacio vital" que tanto pregonaba no solo era un imperativo racial, sino también económico. Alemania debía conquistar el este de Europa para obtener las materias primas y el alimento necesarios para alimentar a su creciente población.

La invasión de Polonia en 1939 fue, para Rosenberg, una confirmación de que su visión se estaba materializando. Aunque no estaba directamente involucrado en la planificación militar, su influencia en la justificación ideológica y económica de la expansión territorial era palpable. Desde su posición, veía la guerra no solo como una oportunidad de expansión racial, sino también como una forma de desmantelar el sistema financiero internacional, controlado, según él, por las potencias judías y anglosajonas.

Sin embargo, los primeros años de la guerra no fueron fáciles. Mientras Hitler disfrutaba de rápidas victorias militares, la economía alemana empezaba a mostrar signos de fatiga. La maquinaria de guerra, si bien eficaz en el corto plazo, estaba drenando los recursos del país a un ritmo alarmante. Rosenberg veía con preocupación cómo los sueños de conquista económica empezaban a chocar con la realidad de la producción y el suministro de bienes esenciales.

A pesar de estos problemas, Rosenberg no perdía la fe en la victoria final. En sus discursos y escritos, seguía insistiendo en la necesidad de reorganizar la economía europea bajo el control nazi. Imaginaba un continente unificado donde las naciones conquistadas aportarían recursos y mano de obra al Reich, mientras que las élites judías y bolcheviques serían erradicadas, eliminando de una vez por todas el obstáculo económico que, en su visión, había frenado el crecimiento alemán durante siglos.

La caída de Francia en 1940 fue un momento de éxtasis para Rosenberg. Creía que, con la derrota de una de las principales potencias europeas, el camino hacia la hegemonía económica y racial estaba despejado. Su papel en la administración de los territorios ocupados le permitió implementar algunas de sus ideas económicas, aunque siempre bajo la sombra de figuras más poderosas como Göring, quien controlaba la economía de guerra.

Sin embargo, la invasión de la Unión Soviética en 1941, que Rosenberg había defendido fervientemente, se convirtió en el principio del fin. Los recursos alemanes estaban cada vez más sobreextendidos y las promesas de un imperio económico en el este comenzaron a desvanecerse. Mientras el Ejército Rojo avanzaba y las derrotas militares se acumulaban, Rosenberg empezó a ser relegado a un segundo plano.

En 1945, mientras las bombas aliadas caían sobre Berlín y el régimen nazi se desmoronaba, Rosenberg seguía defendiendo su visión, convencido de que la historia, tarde o temprano, le daría la razón. Pero, en los tribunales de Núremberg, donde fue juzgado por crímenes contra la humanidad, sus sueños de una economía racialmente pura y de una Alemania hegemónica habían quedado reducidos a polvo.

Un nuevo siglo

El cambio de siglo trajo consigo una sensación de promesas infinitas y amenazas veladas en casi todas las naciones del mundo. Desde las metrópolis resplandecientes de Nueva York y Londres hasta las fábricas en expansión de Mánchester, Berlín y Detroit, el mundo parecía avanzar a toda velocidad hacia una modernidad ineludible. La tecnología, la ciencia y la industria estaban transformando la vida cotidiana de millones de personas, pero también profundizaban las diferencias entre clases y naciones.

Era un tiempo de contrastes brutales: mientras la electricidad iluminaba los hogares de las clases acomodadas, la mayoría de la humanidad seguía atrapada en la penumbra del atraso y la pobreza. Las potencias europeas, envueltas en su carrera por dominar territorios en África y Asia, alimentaban sus imperios industriales a costa de las colonias, desatendiendo, en muchos casos, las demandas internas de justicia social y reparto equitativo de la riqueza. El siglo XX comenzaba con el auge de los monopolios en Estados Unidos, el crecimiento imparable de las naciones industriales y el fervor imperialista de las potencias europeas. Pero las tensiones económicas, sociales y políticas ya se cernían sobre el horizonte.

A comienzos del siglo, Estados Unidos y las potencias europeas —Alemania, Reino Unido y Francia, principalmente— encabezaban una revolución industrial sin precedentes. El acero, el carbón y el petróleo se convirtieron en las materias primas esenciales para una economía global que dependía cada vez más de la mecanización y la producción en masa. Las fábricas, que se extendían por las ciudades industriales como Detroit, Pittsburgh, Mánchester y Ruhr, alimentaban una economía en constante crecimiento. La innovación técnica no solo permitía una mayor producción, sino que también transformaba el transporte y las comunicaciones: el tren, el automóvil y el telégrafo acercaban las distancias, creando una red global de intercambios comerciales.

En Nueva York, magnates como J.P. Morgan y John D. Rockefeller consolidaban sus imperios industriales y financieros, dominando sectores clave como el acero, el ferrocarril y el petróleo. El auge de los trusts y los monopolios en Estados Unidos reflejaba el poder acumulado por un pequeño grupo de empresarios, lo que generaba tensiones entre las élites económicas y la creciente clase obrera urbana. Aunque las ciudades estadounidenses florecían con rascacielos, tranvías y teatros, debajo de esa modernidad latía un malestar social: los sindicatos comenzaban a organizarse y exigir mejores salarios y condiciones de trabajo. El capitalismo industrial, que impulsaba la economía, también generaba una desigualdad alarmante.

Al otro lado del Atlántico, Reino Unido seguía siendo una de las potencias más influyentes del mundo, con un vasto imperio colonial que le proporcionaba materias primas y mercados para sus productos manufacturados. Sin embargo, su liderazgo industrial estaba siendo desafiado por Alemania y Estados Unidos, que se habían convertido en potencias emergentes. En las fábricas de Birmingham y Mánchester, los obreros trabajaban largas jornadas en condiciones a menudo miserables, mientras que los empresarios británicos se enriquecían con el comercio colonial. El Reino Unido aún se beneficiaba de su posición en la cumbre del sistema financiero mundial, con Londres como el centro neurálgico del comercio global y la banca internacional, pero los signos de declive industrial empezaban a asomarse.

En Alemania, bajo la influencia del Kaiser Guillermo II, el imperio recién unificado a fines del siglo XIX continuaba su ascenso meteórico. La industria alemana experimentaba un crecimiento explosivo, particularmente en los sectores del acero, el carbón y la química. Ciudades como Berlín, Hamburgo y Düsseldorf se transformaban rápidamente en centros de poder económico, atrayendo a cientos de miles de trabajadores del campo que buscaban empleo en las fábricas. Al igual que en Estados Unidos y Reino Unido, las condiciones laborales de los trabajadores industriales alemanes eran duras, pero la expansión económica del país era imparable. El proteccionismo económico, las inversiones masivas en infraestructura y el desarrollo de una poderosa marina de guerra impulsaban las ambiciones de Alemania de competir con el Reino Unido en el escenario global.

Francia, mientras tanto, vivía una realidad algo diferente. Tras la derrota en la guerra franco- prusiana de 1870-71, la Tercera República había logrado estabilizarse, pero la economía francesa no experimentaba el mismo crecimiento explosivo que sus rivales. La agricultura seguía siendo una parte importante de la economía, y aunque el país estaba industrializándose, lo hacía a un ritmo más lento que Alemania o Estados Unidos. París, sin embargo, continuaba siendo un centro cultural y financiero de primer nivel, donde la bolsa de valores seguía desempeñando un papel crucial en el flujo de capitales. Francia mantenía su influencia en
el mundo gracias a su vasto imperio colonial en África y Asia, pero el país también enfrentaba tensiones internas, como el creciente conflicto entre las clases trabajadoras y las élites empresariales.

En este período, el crecimiento económico exacerbó las desigualdades sociales, y las tensiones entre las clases trabajadoras y las élites industriales se intensificaron en todo el mundo. El movimiento obrero, que había comenzado a tomar forma a finales del siglo XIX, adquirió más fuerza a medida que los sindicatos se organizaron para luchar por mejores condiciones laborales y salarios justos. En Estados Unidos, los disturbios laborales, como la famosa huelga de los obreros del acero de Homestead en 1892 y la huelga Pullman de 1894, demostraban el poder creciente de los trabajadores organizados. Estos conflictos no solo se limitaban a Estados Unidos; en toda Europa, las huelgas y protestas se multiplicaban.

En Alemania, el Partido Socialdemócrata Alemán (SPD) se convirtió en la principal voz de la clase trabajadora, abogando por una redistribución más justa de la riqueza y el poder político. Aunque el gobierno del Kaiser Guillermo II intentaba frenar el avance del socialismo mediante medidas represivas y programas de bienestar social, el SPD crecía en popularidad y lograba obtener una representación considerable en el Reichstag. Este movimiento obrero organizado no solo representaba un desafío para la élite industrial, sino que también reflejaba un malestar profundo en la sociedad alemana, donde la creciente concentración de riqueza en manos de unos pocos contrastaba con las condiciones de vida de millones de trabajadores.

Francia y Reino Unido también vivieron sus propios episodios de tensión social. En el Reino Unido, el movimiento sindical, aunque más moderado que en otros países, comenzó a ganar fuerza a principios del siglo XX. Los laboristas emergieron como una fuerza política que representaba a los trabajadores, y el Partido Laborista, fundado en 1900, comenzaba a desafiar el dominio de los conservadores y los liberales en el parlamento. Las huelgas de mineros, ferroviarios y estibadores se convirtieron en acontecimientos comunes, y la presión para reformar las leyes laborales aumentaba. En Francia, el movimiento obrero, influenciado por el anarquismo y el sindicalismo revolucionario, también estaba en auge, con huelgas generales y disturbios que sacudían periódicamente el país.

Si bien las tensiones internas crecían en Europa y Estados Unidos, el mundo colonial seguía siendo un campo de batalla crucial para las potencias industriales. África, Asia y América Latina estaban en gran parte bajo el control de los imperios europeos, que explotaban sus recursos naturales y mano de obra para alimentar sus industrias. El reparto de África, formalizado en la Conferencia de Berlín de 1884-85, había asignado vastos territorios a las potencias europeas, pero la competencia por dominar las últimas áreas sin colonizar seguía generando fricciones.

El Reino Unido controlaba una vasta red de colonias, desde la India hasta Egipto, y utilizaba estos territorios no solo como fuente de materias primas, sino también como mercados para sus productos manufacturados. Francia también poseía un vasto imperio colonial en África occidental y el sudeste asiático. Bélgica, bajo el reinado del rey Leopoldo II, había convertido el Congo en su feudo personal, explotando brutalmente la mano de obra local en la extracción de caucho y otros recursos. Alemania, que había llegado tarde al reparto colonial, buscaba expandir su presencia en África y el Pacífico, y esto generaba tensiones con las potencias más establecidas.

La rivalidad entre imperios no solo se manifestaba en África y Asia, sino también en Europa misma. El Imperio Austrohúngaro, que controlaba gran parte de Europa central y los Balcanes, era una amalgama de pueblos y nacionalidades que convivían bajo una monarquía cada vez más frágil. En los Balcanes, las tensiones nacionalistas aumentaban, especialmente en Serbia, que aspiraba a liderar un movimiento de unificación eslava en la región. Rusia, por su parte, apoyaba a Serbia y a otros movimientos nacionalistas eslavos, lo que exacerbaba las tensiones con Austria-Hungría y su aliada, Alemania.

A medida que avanzaba la primera década del siglo XX, la carrera armamentista entre las grandes potencias europeas alcanzó su punto álgido. Reino Unido, que había sido tradicionalmente la potencia naval dominante, se enfrentaba a un desafío directo por parte de Alemania, que bajo la dirección del Kaiser Guillermo II, emprendió un programa masivo de construcción naval. La marina alemana, aunque todavía pequeña en comparación con la británica, crecía rápidamente, lo que llevó a una escalada en la producción de acorazados y destructores en ambas naciones. La competencia por el dominio naval, que culminó en la construcción de los poderosos acorazados tipo dreadnought, reflejaba las crecientes tensiones entre ambas potencias.

No solo se trataba de una carrera naval; los ejércitos terrestres también se estaban expandiendo y modernizando. Francia, Alemania, Rusia y Austria-Hungría aumentaron el tamaño de sus fuerzas armadas, introduciendo nuevas armas y tácticas para lo que muchos ya veían como un conflicto inevitable. Las innovaciones tecnológicas, como el uso de ametralladoras, artillería pesada y aviones transformaban la manera en que se librarían las futuras guerras. Las potencias europeas no solo gastaban vastas sumas en armamento, sino que también establecían alianzas militares para protegerse mutuamente.

A principios del siglo XX, Alemania vivía una época de transformación y ascenso imparable. El Imperio Alemán, unificado apenas unas décadas antes en 1871 bajo el liderazgo de Otto von Bismarck, emergía como una potencia industrial, económica y militar. Las ciudades alemanas, especialmente Berlín y Hamburgo, brillaban con el auge de las fábricas, los nuevos avances tecnológicos y la creciente prosperidad de una burguesía enriquecida por el comercio y la manufactura. Sin embargo, bajo esa fachada de éxito, había tensiones, tanto internas como externas, que preludiaban un conflicto inminente.

Un banquero pragmático

Karl von Dietrich, un banquero asentado en Frankfurt, había visto de primera mano el crecimiento meteórico de la economía alemana. Los años de su juventud transcurrieron mientras la industrialización transformaba el paisaje alemán. En los salones de mármol y madera oscura de su banco, las discusiones sobre el auge de la siderurgia, el carbón y la maquinaria eran constantes. Alemania, que antes había sido una colección de estados agrícolas dispersos, se había convertido en el segundo mayor productor industrial del mundo después de Estados Unidos, gracias a una expansión feroz de la producción de acero y carbón.

Pero no todo el mundo en Alemania se beneficiaba de este boom económico. Mientras los industriales y los banqueros disfrutaban de los frutos del crecimiento, las clases trabajadoras, especialmente en las ciudades industriales, sufrían condiciones laborales duras y salarios bajos. Los barrios obreros de Berlín, Ruhr y otras ciudades industriales eran un hervidero de descontento. Las fábricas, que trabajaban a todo vapor, necesitaban de una fuerza laboral masiva que se movía en condiciones cada vez más precarias. La cuestión social se convertía en un problema urgente, y los partidos políticos comenzaban a polarizarse. El Partido Socialdemócrata Alemán (SPD) ganaba fuerza, representando a una clase trabajadora que demandaba mejores condiciones y una mayor participación en las decisiones políticas.

Para Karl, la estabilidad económica siempre fue un equilibrio delicado entre el crecimiento y el descontento social. Sabía que una economía que no lograra satisfacer a la mayoría de la población sería vulnerable a cambios drásticos. Y esa inquietud se veía reflejada en las crecientes huelgas y protestas que sacudían los centros industriales del país. En 1905, las huelgas mineras en la región del Ruhr paralizaron una parte importante de la producción de carbón, y aunque el gobierno y los industriales lograron sofocarlas, el espectro del conflicto laboral se cernía sobre Alemania.

Sin embargo, mientras en el interior del país los conflictos sociales hervían, la mayor amenaza para la estabilidad alemana provenía del exterior. Desde la llegada del Kaiser Guillermo II al poder en 1888, la política exterior alemana se había vuelto más agresiva. El Kaiser soñaba con construir un imperio que rivalizara con el de Gran Bretaña y Francia. Alemania se embarcó en una carrera armamentística, particularmente en la construcción de una poderosa armada que pudiera desafiar la hegemonía naval británica.

Esta política exterior más belicosa, conocida como la Weltpolitik, tuvo profundas consecuencias económicas. El aumento del gasto militar, particularmente en la marina, significó que cada vez más recursos se destinaran a la construcción de acorazados y la expansión de las fuerzas armadas. La industria armamentista, liderada por empresas como Krupp, florecía gracias a los contratos del gobierno. Karl vio cómo las fortunas de los industriales del acero y el carbón crecían exponencialmente, al tiempo que los préstamos bancarios y la inversión en la industria de defensa se convertían en una parte cada vez más importante de la economía alemana.

Para muchos en las élites económicas, esta expansión militar era vista como un motor de crecimiento, una forma de asegurar que Alemania pudiera competir en el escenario global. Sin embargo, en los círculos más críticos, como el propio Karl, existía la preocupación de que este aumento desmesurado del gasto militar pudiera llevar a un desequilibrio económico. Los presupuestos del gobierno se estiraban al límite, y aunque la economía alemana crecía, también lo hacía su deuda.

Mientras tanto, en el corazón de Europa, las tensiones geopolíticas seguían aumentando. El sistema de alianzas europeas, con Alemania, Austria-Hungría e Italia por un lado, y Francia, Rusia y Gran Bretaña por el otro, parecía destinado a explotar en cualquier momento. Karl observaba con aprensión cómo las disputas coloniales en África y Asia, así como los conflictos en los Balcanes, acercaban cada vez más a Europa a un conflicto generalizado. La carrera armamentista, que en un principio se había presentado como un signo de la modernización, ahora comenzaba a parecer una trampa de la que ningún país podría escapar.

En 1911, el incidente de Agadir en Marruecos fue un punto de inflexión. Alemania, en un intento por asegurar su influencia en el norte de África, envió un buque de guerra a la ciudad de Agadir, desafiando la presencia francesa en la región. El incidente llevó a una escalada de tensiones entre Alemania y Francia, con Gran Bretaña respaldando a los franceses. Aunque la crisis se resolvió diplomáticamente, Karl veía en este episodio una señal clara de que Europa estaba al borde de la guerra. Las bolsas de valores temblaron durante el incidente, y aunque la economía alemana seguía fuerte, las fisuras comenzaban a hacerse más visibles.

A nivel interno, la creciente concentración de poder en manos de los grandes industriales y financieros también generaba un malestar entre los sectores más tradicionales de la sociedad alemana. Los terratenientes prusianos, que durante siglos habían dominado la política y la economía del imperio, ahora veían cómo su influencia se reducía frente al ascenso de una nueva clase de magnates industriales y banqueros. Las tensiones entre estos dos grupos también se manifestaban en el Reichstag, donde los partidos más conservadores chocaban cada vez más con las fuerzas progresistas y socialdemócratas que demandaban una redistribución del poder y la riqueza.

Para Karl, la situación se tornaba cada vez más insostenible. El sistema económico alemán, aunque potente, estaba atrapado entre las crecientes demandas de una población trabajadora que exigía reformas sociales y un gobierno que destinaba cada vez más recursos a la carrera armamentística. Las tensiones internacionales, mientras tanto, seguían creciendo. En 1912, la guerra en los Balcanes entre Serbia y el Imperio Otomano puso nuevamente a prueba las frágiles alianzas europeas.

A principios de 1914, la atmósfera en Europa era densa. Karl notaba cómo el flujo de capitales se tornaba más nervioso. Las inversiones se reducían, y los banqueros, normalmente confiados en la estabilidad de los mercados europeos, comenzaban a replegarse. Las tensiones entre Alemania y sus vecinos eran palpables. Incluso en sus conversaciones más informales, Karl escuchaba a otros banqueros y empresarios hablar de la posibilidad de una guerra, algo que muchos consideraban inevitable. El aumento del gasto militar ya no se justificaba solo como una forma de fortalecer el imperio, sino como una preparación para un conflicto que todos, en el fondo, sabían que estaba por llegar.

El 28 de junio de 1914, el asesinato del archiduque Francisco Fernando en Sarajevo fue el detonante de una serie de eventos que llevarían al estallido de la Primera Guerra Mundial. Karl, al igual que muchos en Europa, fue sorprendido por la velocidad con la que las potencias europeas se precipitaron hacia la guerra. Las alianzas que se habían formado durante años se activaron, y en cuestión de semanas, Europa entera se vio envuelta en un conflicto que cambiaría el curso de la historia.

Para Alemania, la guerra fue recibida inicialmente con entusiasmo. El Kaiser y su gobierno aseguraron a la población que el conflicto sería breve y victorioso. Los bancos y las industrias alemanas, que durante años habían sido los motores de una economía floreciente, se reorientaron rápidamente hacia el esfuerzo bélico. Las fábricas que antes producían bienes de consumo ahora fabricaban armas, municiones y todo tipo de suministros militares. Karl vio cómo el flujo de capital en su banco se transformaba casi de la noche a la mañana. El gobierno alemán emitía bonos de guerra para financiar el esfuerzo militar, y los banqueros, como Karl, se convirtieron en piezas clave en la maquinaria económica del conflicto.

Pero mientras en las primeras semanas de la guerra las bolsas subían y los industriales celebraban contratos lucrativos, Karl no podía dejar de pensar en los costos a largo plazo. Sabía que una guerra prolongada podría desestabilizar la frágil economía alemana, y que el descontento social, que había sido sofocado temporalmente por el fervor patriótico, volvería a surgir con más fuerza si el conflicto se prolongaba.

Mientras caminaba por las calles de Frankfurt en los días previos al inicio de la guerra, Karl sentía el peso de la historia sobre sus hombros. Sabía que Alemania estaba al borde de un abismo, y aunque el país parecía fuerte y unificado, las tensiones económicas, sociales y políticas que habían marcado los años previos a 1914 pronto explotarían con una fuerza devastadora.

Pasos previos

Pero para poder comprender lo acontecido durante los convulsos años de la Primera Guerra Mundial y hasta la segunda, hay que ver primero cuál era el contexto socio económico y otros conflictos anteriores que derivaron en las dos confrontaciones globales.

El período de 1901 a 1910 fue una década de significativos cambios políticos, sociales y tecnológicos. Con la muerte de la Reina Victoria en enero de 1901, se marcó el fin de la era victoriana en el Reino Unido y el comienzo de la era eduardiana bajo el reinado de su hijo, Eduardo VII. Este cambio simbolizó un giro hacia una sociedad más moderna y menos rígida en términos de valores y costumbres.

Hacia el final de la década, estalló la Revolución Mexicana, un conflicto armado que comenzó como una rebelión contra la dictadura de Porfirio Díaz. Este movimiento buscaba reformas políticas y sociales y condujo a una guerra civil que cambiaría el curso de la historia de México y aunque no tuvo relevancia a nivel mundial, sí que influyó en la entrada de Estados Unidos en la Primera Guerra Mundial mediante el "Pacto Alemania México"

El Pacto Alemania-México se refiere principalmente a un famoso episodio de la Primera Guerra Mundial conocido como el "Telegrama Zimmermann".

Durante la Primera Guerra Mundial, Alemania buscaba formas de debilitar a sus enemigos, especialmente a los aliados. En este momento, Estados Unidos aún no había entrado en la guerra, pero Alemania sabía que su entrada sería probable si continuaba la guerra submarina sin restricciones contra los barcos que navegaban hacia o desde Gran Bretaña.

Arthur Zimmermann, el entonces Ministro de Asuntos Exteriores de Alemania, envió un telegrama cifrado al embajador alemán en México, Heinrich von Eckardt. Dicho telegrama proponía una alianza entre Alemania y México en caso de que Estados Unidos entrara en la guerra contra Alemania. Según el plan, Alemania proporcionaría apoyo financiero y militar a México. A cambio, México debía atacar a Estados Unidos y, de ser exitosa la guerra, se le prometía recuperar los territorios perdidos en el siglo XIX durante la guerra entre México y Estados Unidos, es decir, Texas, Nuevo México y Arizona.

Alemania esperaba que, si México aceptaba, Estados Unidos se vería obligado a concentrar sus esfuerzos militares en el frente interno, alejando sus recursos del teatro europeo. El telegrama fue interceptado y descifrado por los servicios de inteligencia británicos, que luego lo compartieron con el gobierno estadounidense. El contenido del telegrama fue revelado al público por el presidente Woodrow Wilson en marzo de 1917, lo que causó una gran indignación en Estados Unidos.

El gobierno mexicano, bajo el liderazgo de Venustiano Carranza, no mostró interés en la propuesta alemana, reconociendo las dificultades logísticas y la inviabilidad de una guerra contra Estados Unidos. La revelación del Telegrama Zimmermann, junto con la reanudación de la guerra submarina sin restricciones por parte de Alemania, contribuyó a la decisión de Estados Unidos de entrar en la Primera Guerra Mundial en abril de 1917. El Telegrama Zimmermann es un ejemplo de cómo las estrategias diplomáticas y militares de la Primera Guerra Mundial influyeron en la participación de Estados Unidos en el conflicto. También muestra las complejidades de la diplomacia y las alianzas durante la guerra, y cómo las acciones de las potencias europeas tuvieron repercusiones globales.

En 1903, los hermanos Orville y Wilbur Wright realizaron el primer vuelo controlado y motorizado en un avión, lo que marcó el nacimiento de la aviación y abrió nuevas posibilidades en el transporte y la guerra. La industria del automóvil comenzó a despegar, con Henry Ford fundando la Ford Motor Company en 1903 y lanzando el Modelo T en 1908. Este automóvil se hizo enormemente popular debido a su bajo costo y accesibilidad, revolucionando el transporte y la vida cotidiana. Henry Ford si bien durante la Segunda Guerra

Mundial movilizó todo el poderío industrial de sus fábricas en pos de la derrota de los Nazis, era conocido antes de la guerra por su postura aislacionista e incluso admirador de Adolf Hitler, al que conoció en persona.

En 1905, se produce otro hito que cambió drásticamente el mundo, y lo llevó a lo que es hoy. Albert Einstein publicó su Teoría de la Relatividad Especial, que transformó la física al introducir conceptos revolucionarios sobre el tiempo, el espacio y la energía.

La guerra entre Rusia y Japón fue un conflicto imperialista que tuvo lugar principalmente en Manchuria y Corea. Japón sorprendió al mundo al derrotar a Rusia, una de las grandes potencias europeas, lo que fortaleció su posición como potencia emergente en Asia y debilitó significativamente al régimen zarista en Rusia. Tras la derrota en la Guerra Ruso-Japonesa, Rusia experimentó una revolución en 1905. Esta revolución fue impulsada por la insatisfacción con el régimen zarista y resultó en la creación de la Duma, un parlamento que pretendía dar una voz limitada al pueblo en el gobierno, aunque el zar mantuvo un control considerable.

Aunque comenzó en 1899, la Segunda Guerra Bóer, entre el Imperio Británico y los bóeres (colonos de origen neerlandés) en Sudáfrica, concluyó en 1902. La victoria británica consolidó su control sobre Sudáfrica, aunque a un costo elevado y con un impacto duradero en las relaciones entre los colonos blancos y la población africana.
En 1906, la Conferencia de Algeciras intentó resolver la crisis marroquí, donde las potencias europeas competían por el control y la influencia en Marruecos. Aunque evitó una guerra entre las potencias, aumentó las tensiones entre Alemania y Francia, presagiando futuras crisis.

Esta década estuvo marcada por la transición hacia la modernidad, con avances en tecnología, cambios sociales y tensiones internacionales que sentaron las bases para los tumultuosos años siguientes.

La Primera Guerra Mundial, que se inició en 1914, fue el resultado de una compleja red de causas y eventos desencadenantes. Hay que convenir que existían dos alianzas podríamos decir que antagónicas, una era la Triple Alianza, firmada ya en 1882, formada por Alemania, Austria- Hungría e Italia y la llamada Triple Entente, de 1907, compuesta por Francia, Rusia y el Reino Unido. Estas alianzas fueron diseñadas para mantener el equilibrio de poder en Europa, pero también significaron que un conflicto entre dos países podría fácilmente involucrar a muchos más.

El fuerte sentimiento nacionalista en Europa, particularmente en los Balcanes, exacerbó las tensiones entre las diferentes naciones. Los serbios, por ejemplo, buscaban la unificación de todos los eslavos del sur bajo Serbia, lo que fue una amenaza para Austria-Hungría, que controlaba grandes poblaciones eslavas.

La competencia por colonias y recursos entre las potencias europeas generó fricciones. Alemania, que llegó tarde al imperialismo, estaba ansiosa por expandir su influencia, lo que la enfrentó con otras potencias como el Reino Unido y Francia.

Durante las primeras décadas del siglo XX, las principales potencias europeas se embarcaron en una carrera armamentista, construyendo enormes ejércitos y flotas navales. Esto aumentó la desconfianza entre las naciones y creó un ambiente en el que la guerra parecía inevitable.

Pero el detonante inmediato de la guerra fue el asesinato del Archiduque Francisco Fernando de Austria, heredero del trono austrohúngaro, y su esposa, Sofía, en Sarajevo, Bosnia, por Gavrilo Princip, un nacionalista serbio perteneciente a la organización secreta conocida como "La Mano Negra".

Austria-Hungría, con el respaldo de Alemania, decidió usar el asesinato como pretexto para resolver de una vez por todas la "cuestión serbia", que había sido una fuente de inestabilidad en los Balcanes.

El 23 de julio de 1914, Austria-Hungría emitió un duro ultimátum a Serbia, que incluía cláusulas inaceptables para el gobierno serbio. Aunque Serbia aceptó la mayoría de las demandas, rechazó algunas de las más intrusivas.

El 28 de julio de 1914, Austria-Hungría declaró la guerra a Serbia, iniciando el conflicto.

Insospechadamente por tratarse de un episodio alejado, se produce una cascada de consecuencias imprevistas. Rusia, aliada de Serbia y protector de los eslavos, comenzó a movilizar sus fuerzas en apoyo de Serbia. Alemania, aliada de Austria-Hungría, vio la movilización rusa como una amenaza directa y declaró la guerra a Rusia el 1 de agosto de 1914.

Debido a sus alianzas con Rusia, Francia fue arrastrada al conflicto y Alemania le declaró la guerra el 3 de agosto de 1914. Luego, cuando Alemania invadió Bélgica (para atacar a Francia desde el norte), el Reino Unido declaró la guerra a Alemania el 4 de agosto de 1914.

En poco tiempo, lo que comenzó como un conflicto regional en los Balcanes se transformó en una guerra mundial, involucrando a las principales potencias de Europa y sus colonias en todo el mundo.
Los primeros meses de la guerra vieron el movimiento rápido de tropas en un intento por asegurar victorias decisivas. Sin embargo, el conflicto con rapidez se estancó, especialmente en el Frente Occidental, donde la guerra de trincheras se convirtió en la norma.

La Revolución Rusa fue un evento crucial durante la Primera Guerra Mundial, que no solo transformó a Rusia, sino que también tuvo un impacto significativo en el desarrollo y desenlace del conflicto.
Antes de la Primera Guerra Mundial, Rusia ya enfrentaba tensiones internas significativas. La población sufría pobreza extrema, desigualdad social y represión política bajo el régimen autocrático del Zar Nicolás II. La participación de Rusia en la Primera Guerra Mundial exacerbó estos problemas. Las enormes pérdidas humanas, la incompetencia militar y la escasez de alimentos y suministros en el frente y en el hogar generaron un descontento masivo entre soldados y civiles.

En febrero de 1917 (marzo, según el calendario gregoriano), estallaron protestas masivas en Petrogrado (actual San Petersburgo) debido a la escasez de alimentos y el agotamiento de la guerra. Las huelgas y manifestaciones fueron respaldadas por soldados, lo que llevó a la abdicación del zar Nicolás II el 15 de marzo de 1917.

Tras la abdicación del zar, se estableció un Gobierno Provisional, compuesto principalmente por liberales y socialistas moderados, que intentó continuar la guerra en el frente oriental.
El Gobierno Provisional fue incapaz de resolver los problemas fundamentales de Rusia y siguió participando en la guerra, lo que lo hizo impopular. En octubre de 1917 (noviembre, según el calendario gregoriano), los bolcheviques, liderados por Vladimir Lenin, tomaron el poder en Petrogrado en un golpe relativamente incruento. Los bolcheviques prometieron "Paz, Pan y Tierra", lo que les ganó el apoyo de gran parte de la población, especialmente de los soldados y campesinos.

Tras la Revolución de Octubre, el nuevo gobierno bolchevique buscó inmediatamente salir de la guerra, lo que llevó a la firma del Tratado de Brest-Litovsk, en marzo de 1918 entre Rusia y las Potencias Centrales (principalmente Alemania, Austria-Hungría y el Imperio Otomano). El tratado impuso condiciones duras a Rusia, que cedió grandes extensiones de territorio, incluyendo Finlandia, Polonia, los Estados Bálticos (Estonia, Letonia y Lituania), y partes de Ucrania. Aunque estos territorios fueron ocupados por Alemania, la retirada de Rusia permitió a los bolcheviques concentrarse en consolidar su poder en casa.

La retirada de Rusia permitió a Alemania y sus aliados redistribuir sus fuerzas hacia el Frente Occidental. Sin embargo, el refuerzo de tropas en Occidente no fue suficiente para cambiar el curso de la guerra a su favor, en parte porque Estados Unidos había entrado en la guerra en 1917, equilibrando las fuerzas.

La Revolución Rusa inspiró movimientos comunistas en todo el mundo, lo que eventualmente llevó a la creación de la Unión Soviética y la propagación de la ideología comunista, influyendo en la política global durante el resto del siglo XX.

El fin de la participación de Rusia en la Primera Guerra Mundial no trajo la paz al país. La Revolución de Octubre desencadenó una guerra civil entre los bolcheviques (el Ejército Rojo) y sus opositores (el Ejército Blanco, compuesto por monárquicos, liberales y otros grupos antibolcheviques). Esta guerra civil fue brutal y devastadora para Rusia.

La salida de Rusia de la guerra y el posterior Tratado de Brest-Litovsk contribuyeron a la reconfiguración del mapa de Europa del Este, aunque la derrota de Alemania en 1918 anuló muchas de las ganancias territoriales que habían obtenido a costa de Rusia.

La Revolución Rusa tuvo un impacto profundo en la Primera Guerra Mundial al provocar la retirada de Rusia del conflicto, lo que alteró el equilibrio de fuerzas en Europa. Además, la revolución marcó el comienzo de un nuevo orden político en Rusia y sentó las bases para la creación de la Unión Soviética, que tendría una influencia global en el siglo XX.

Detonante

La Primera Guerra Mundial fue el resultado de una combinación de alianzas militares, tensiones nacionalistas, rivalidades imperialistas y un complejo sistema de políticas exteriores que, una vez activadas, resultaron en uno de los conflictos más destructivos de la historia. Fue un conflicto global que involucró a la mayoría de las grandes potencias mundiales. Fue uno de los eventos más devastadores del siglo XX, con profundas repercusiones políticas, sociales y económicas.

El Frente Occidental se caracterizó por la guerra de trincheras, donde las fuerzas alemanas se enfrentaron a las tropas aliadas (principalmente Francia, Reino Unido y más tarde Estados Unidos) en una línea de combate que se extendía desde el Mar del Norte hasta la frontera con Suiza. Las batallas, como la de Verdún y el Somme, fueron extremadamente sangrientas y resultaron en millones de muertos y heridos sin avances territoriales significativos.

El Frente Oriental fue mucho más móvil que el frente occidental, con grandes batallas entre Rusia y las Potencias Centrales (Alemania, Austria-Hungría y el Imperio Otomano). Rusia sufrió derrotas significativas, y la guerra contribuyó al colapso del Imperio Ruso y al estallido de la Revolución Rusa en 1917 como se ha explicado antes.

Italia, que inicialmente fue parte de la Triple Alianza, cambió de bando y luchó contra Austria- Hungría.
El Imperio Otomano se unió a las Potencias Centrales y luchó principalmente contra los británicos en el Medio Oriente. La guerra también se extendió a las colonias en África y Asia, donde se libraron enfrentamientos entre las potencias coloniales.

La guerra naval fue crucial, con bloqueos marítimos y la guerra submarina alemana que afectó el comercio y los suministros. El hundimiento del transatlántico Lusitania en 1915, que causó la muerte de ciudadanos estadounidenses, fue uno de los factores que llevó a Estados Unidos a unirse a la guerra en abril de 1917, del lado de los Aliados, proporcionando refuerzos frescos y recursos económicos que resultaron decisivos en el conflicto.

Con la ayuda estadounidense, los Aliados lanzaron una serie de ofensivas que rompieron las líneas alemanas y obligaron a las Potencias Centrales a retroceder.
La guerra causó la muerte de más de 16 millones de personas, además de millones de heridos y desplazados. También provocó profundas crisis económicas y sociales en Europa, con una generación perdida y un cambio radical en la estructura social y política.
La guerra marcó el fin de la hegemonía europea y el comienzo del ascenso de Estados Unidos y la Unión Soviética como superpotencias globales.

Como vemos, la Primera Guerra Mundial fue un conflicto que cambió para siempre la historia del mundo, con consecuencias que se hicieron sentir durante décadas. La guerra no solo alteró fronteras y regímenes, sino que también dejó profundas heridas sociales y económicas que prepararon el escenario para la Segunda Guerra Mundial.

Cuatro años después del inicio de la Primera Guerra Mundial, el Emperador de Alemania, el Káiser Guillermo II, se ve forzado a abdicar. El gobierno alemán acepta su derrota.
Sus ejércitos regresan tras una ofensiva realizada por las tropas británicas, francesas y americanas. A partir de ese momento, un peligroso pensamiento comienza a arraigar entre los generales y las tropas, que se quejan de no haber sido derrotados en el campo de batalla, sino traicionados por sus propios políticos.

En cualquier caso, a las 11 horas de la mañana del 11 de noviembre de 1918, la onceava hora del onceavo día del onceavo mes, la Primera Guerra Mundial toca a su fin.

Los pueblos de Europa son liberados, y el Imperio Austrohúngaro, aliado de Alemania, es desmembrado. Se crean además nuevas naciones, Austria, Polonia, Hungría, Checoslovaquia, Yugoslavia, Letonia, Lituania y Estonia. El territorio de Alemania queda notablemente reducido, pero este proceso es una bomba de relojería. No todos festejan el nacimiento de países como Checoslovaquia. Algunos de estos nuevos estados albergan importantes minorías alemanas, y en el futuro, el anhelo de reunir todas las poblaciones alemanas se irá adueñando de Europa.

El pueblo alemán, destrozado por la guerra, sufre una humillación final. Es obligado a pagar seis mil millones de Libras a Francia e Inglaterra en concepto de reparaciones, una suma desorbitada que difícilmente podrán afrontar.

Al mes siguiente, el presidente de los Estados Unidos, Woodrow Wilson, llega a Europa donde promete crear un nuevo Orden Mundial y convence a los líderes mundiales para que suscriban una nueva "Sociedad de Naciones". En el tratado de Versalles se acuerda que, en adelante, los conflictos entre países no se resolverán en el campo de batalla, sino mediante discusión en el seno de dicha Sociedad de Naciones.

El Presidente Wilson regresa a América con su nuevo Orden Mundial, pero este se desmorona de inmediato. El Congreso de Estados Unidos decide que no se puede arriesgar e involucrarse en una nueva guerra en Europa. Rehúsa adherirse la Sociedad de Naciones que ha ideado su propio Presidente, y Estados Unidos se recluye al aislacionismo.

 Alemania, crece el monstruo.

Continúa siendo el país más grande de Europa, pero su monarquía militarista se ha ido a pique. Se ha convertido en una Democracia, la denominada "República de Weimar". Pronto se ve sacudida por una serie de episodios convulsos. Se prodigan los enfrentamientos callejeros entre nacionalistas de extrema derecha y comunistas, que intentan poner en marcha una red.
Más adelante, en 1923 el país se ve asfixiado por una hiperinflación, cuyo porcentaje varía exponencialmente. En un solo mes, los ahorros del pueblo se esfuman.

Este es el terreno abonado para una nueva modalidad de agitadores políticos de extrema derecha, entre ellos, Adolf Hitler.

Hitler nació en Austria, pero luchó valerosamente como soldado de Alemania en la Primera Guerra Mundial, y fue condecorado por ello con la Cruz de Hierro, una de las más importantes condecoraciones al valor que otorgaba el ejército alemán. De regreso a Alemania, se establece en Múnich, y su encendida oratoria enseguida le permite hacerse con el control del entonces pequeño Partido Nacional Socialista, o partido Nazi.

En octubre de 1923, Hitler y sus acólitos intentan un golpe armado contra el Gobierno de Weimar. La intentona fracasa, y Hitler es condenado a nueve meses de reclusión.

En la prisión de Landsberg escribe un libro, Mein Kampf (Mi lucha), en el cual achaca los males que padece Alemania a los judíos, y exige que el país recupere su poder y se anexione nuevos territorios en el este.

Tras ser puesto en libertad, se centra en la tarea de organizar la militancia nazi como un partido político serio y disciplinado. A partir de este momento se valdrá del sistema democrático para conquistar el poder, pero durante los últimos cinco años la Alemania de Weimar ha prosperado y el apoyo a los partidos extremistas tanto de derechas como de izquierdas ha disminuido.
Aun así, de manera inesperada, se presenta la gran oportunidad de Hitler en octubre de 1929. El Mercado de Valores de Estados Unidos cae en picado. Se pierden miles de millones de dólares y una depresión económica se extiende por todo el planeta.

El desempleo en Alemania se eleva a más de seis millones de personas y solo los políticos extremistas parecen ofrecer una solución. Políticos como Hitler. En 1931 su partido Nazi era un verdadero movimiento de masas. Posee su propia legión de matones de camisa parda, las SA o "secciones de asalto", que suman casi tres millones de miembros. En las elecciones de 1932, los Nazis se convierten en el partido con mayor representación en el parlamento alemán, el "Reichstag", pero rechaza cualquier coalición, y el parlamento queda paralizado.

Para superar el punto muerto, el presidente Hindenburg nombra Canciller a Adolf Hitler. En enero de 1933, el gobierno del país ya está en manos de Hitler. Un mes después, el Reichstag es incendiado. Hitler acusa a los comunistas, y reclama poderes extraordinarios que en adelante utilizará para prohibir otros partidos políticos.

En agosto de 1934, muere el presidente Hindenburg y Hitler se auto declara presidente.

Ya es el líder absoluto de Alemania el Führer. Führer es una palabra alemana que significa 'guía', 'dirigente', 'caudillo' o 'conductor'. Jurídicamente fue el cargo político en reemplazo al de presidente del Reich de Alemania en 1933, tras la llegada de Adolf Hitler al poder el 2 de agosto de 1934.

En un principio, nada parece indicar lo que habrá de suceder los 3 años siguientes. El Führer se concentra en la recuperación de la economía alemana a fin de reducir el desempleo, invierte millones en obras públicas, que incluyen ocho mil kilómetros de una red de autopistas, pero en secreto está invirtiendo también grandes sumas en un programa de rearme a gran escala. En virtud del Tratado de Versalles, el ejército alemán se vio limitado a únicamente cien mil efectivos El país tiene prohibido poseer fuerzas aéreas, tanques o submarinos.

Pero aquel pequeño ejército ha triplicado ya su tamaño, y en 1935 Hitler hace públicas sus intenciones dando a conocer sus fuerzas aéreas, la "Luftwaffe". Posee dos mil quinientos aviones, bastante más que Gran Bretaña o Francia. Fabrica sin parar. El desempleo se reduce y los nazis adquieren una enorme popularidad.
Envalentonado, el Führer realiza su primer movimiento expansionista. En 1935 reocupa la región del Sarre, en la frontera francesa, que ha votado a abandonar la Sociedad de Naciones para incorporarse de nuevo a la soberanía alemana.
Un año después envía tropas a la Renania, una parte de Alemania desmilitarizada por orden del Tratado de Versalles.

Por el momento, muchos consideran que Hitler se limita a reclamar lo que pertenece legítimamente a Alemania, y ni Gran Bretaña ni Francia expresan objeción alguna.

Japón

A comienzos del siglo, Japón es ya una potencia militar. Derrota a Rusia en una guerra en 1905, y lucha junto a los aliados en la Primera Guerra Mundial. Al terminar la guerra, Japón es una reconocida potencia mundial, adscrita a la Sociedad de Naciones. Pero desde el punto de vista político ofrece múltiples contradicciones.

Formalmente es una democracia, pero la tradición feudal sigue teniendo un gran peso y la mayoría de japoneses veneran a su emperador como un Dios viviente y lo contemplan como su auténtico líder.

El país debe hacer frente a graves problemas económicos, su población se dispara, y no posee recursos naturales para alimentarla y tampoco para abastecer de combustible a las industrias que se expanden a marchas forzadas. Los líderes del país necesitan soluciones, y las detectan en la región China de Manchuria.

Manchuria es una tierra con grandes y fértiles campos de cereal, posee ingentes cantidades de carbón y de minerales, es un objetivo perfecto porque las tropas japonesas ya están allí estacionadas. Otros eventuales objetivos son las colonias gobernadas por potencias europeas, Birmania, la península Malaya y Hong Kong, controladas por Gran Bretaña, Indochina, gobernada por Francia, y las Indias Orientales Holandesas.

Pero en este escenario, Japón ha de obrar con cautela para no provocar a la otra gran potencia del Pacífico, Estados Unidos. Porque pese a sus consignas antiimperialistas, Estados Unidos controla de facto un imperio no oficial en el Pacífico. Las islas Filipinas, Guam, y un puñado de islas se encuentran bajo su dominio directo.

Sin duda posee la fuerza suficiente para hacer frente a Japón, pero desde el final de la Primera Guerra Mundial los Estados Unidos están ocupado en otras distracciones.

En el transcurso de los años veinte, la nación se centró en la explotación de sus vastos recursos naturales y tuvo lugar un boom económico que parecía no tener fin. Muchos hicieron fortuna, tanto en la industria como en el mercado bursátil.

Con distracciones como esta, los abusos crecientes de Japón en el Pacífico se antojan demasiado lejanos.

Estados Unidos redujo drásticamente su ejército al término de la Primera Guerra Mundial, y firmó un tratado de reducción de la flota de guerra con Gran Bretaña, Francia y Japón. En consecuencia, la superioridad naval en el Pacífico se decantó a favor de Japón.

Años después, llega la Gran Depresión, cuando el desastre económico se generaliza y la cuarta parte de la población pierde su empleo. Decenas de miles de personas se quedan sin hogar, y deben alojarse en barracas. Si antes América estaba distraída por la diversión, ahora lo está por el dolor.

Para Japón es el momento de mover ficha. En 1931, sin tan siquiera haber informado a su gobierno legítimamente elegido, las fuerzas japonesas establecidas en Manchuria toman la capital, y desde allí invaden el resto del territorio. El estado títere de Manchukuo es proclamado bajo un gobierno igualmente títere. Henry Pu Yi, el último emperador de la China depuesto en 1911, es repuesto en su trono de su retiro.

Japón es declarado un paria universal, pero eso importa poco sus dirigentes, que han puesto los ojos en ulteriores conquistas en territorio chino. Se trata de presas fáciles. China es un estado sumido en el caos. El gobierno del Generalísimo Chiang Kai-shek está enfrentado al Partido Comunista chino dirigido por Mao Zedong. El país está en guerra civil.

En 1936, como preludio de la invasión, los japoneses firman un pacto con la Alemania de Hitler. El objetivo realmente es protegerse de cualquier ataque de la Rusia Soviética cuando actúan en territorio chino.

Más adelante, en julio de 1937, los japoneses provocan un incidente con las tropas chinas e invaden el país. Al principio los chinos son cogidos por sorpresa, pero enseguida oponen una feroz resistencia. Los comunistas luchan incluso junto al Kuomintang, que era partido político nacionalista chino gobernante oficial de la República de China fundado tras la Revolución de Xinhai de 1911, en un frente unido.

Los japoneses responden con aparatosos desembarcos, y a finales de 1937 ya han invadido extensas partes del norte de China y de la costa.

Los japoneses llegan a atacar buques de guerra británicos y americanos que han sido enviados a la zona para proteger su comercio marítimo. El incidente más grave tiene lugar el 12 de diciembre de 1937. El USS Panay (PR-5), un cañonero fluvial de la Armada de los Estados Unidos que sirvió en la Patrulla del Yangtsé en China, hasta su hundimiento por aviones japoneses el 12 de diciembre de 1937. Cincuenta tripulantes pierden la vida. Pese a todo, las potencias occidentales rechazan intervenir. La Sociedad de Naciones se revela impotente.

En Estados Unidos, el presidente Roosevelt plantea imponer un bloqueo naval a Japón, pero los británicos no quieren ni oír hablar de ello, temen que un bloqueo pueda desencadenar una guerra. Lo único que puede hacer Roosevelt es ofrecer un préstamo de veinticinco millones de dólares a Chiang Kai-shek para adquirir armamento.

En el transcurso de 1938, los japoneses invaden Cantón, provincia en la costa sureste de China, que limita con Hong Kong y Macao. Su capital, Cantón, se ubica dentro de la región del delta del río de las Perlas, y empujan a las tropas chinas hacia el oeste del país.

Toda la retórica de la Sociedad de Naciones, todas las promesas de frenar la agresión internacional han caído en saco roto y ahora las potencias occidentales deberán hacer frente a agresiones cada vez más cercanas.

La Italia del fascismo

Hoy resulta fácil reírse de Benito Mussolini, el dictador fascista de Italia. Toda esa gesticulación se nos antoja ahora más bien ridícula, pero no era así en 1922. Por aquel entonces, Italia se encuentra al borde de la anarquía. El país transalpino se ve azotado por huelgas y expropiaciones de tierras. Como en el caso de Alemania, el gobierno democrático se revela impotente para combatir el malestar social.

Así las cosas, Benito Mussolini, periodista y veterano de guerra, decide tomar cartas en el asunto y organiza un partido nacionalista de extrema derecha, los fascistas. Con el país paralizado por la huelga general de 1922, Mussolini ordena a sus seguidores marchar sobre Roma. Ante el temor de una guerra civil, el Rey de Italia, Víctor Manuel III, le encarga formar gobierno.

De inmediato Mussolini aplasta cualquier oposición política y asume poderes dictatoriales. En 1928 su posición parece segura. El Parlamento Italiano es designado más que elegido, y todo el poder se concentra en manos del Gran Consejo Fascista.

Como en el caso de Hitler, si bien lo hace años antes que el Führer, las primeras decisiones de Mussolini lo hacen inmensamente popular. Ambiciosos programas de Obras Públicas proporcionan empleo y transforman la infraestructura de Italia. La corrupción es arrancada de raíz y la mafia es más o menos neutralizada.

El Ejército italiano se refuerza sustancialmente entre otras cosas mediante la creación de unas fuerzas aéreas modernas y avanzadas. La Armada de Mussolini en el Mediterráneo es más potente que las flotas británica y francesa juntas y, cuando sobreviene la Gran Depresión, Italia parece capearla mejor que la mayoría de naciones.

Mussolini se convierte en un referente universal, numerosos dirigentes políticos y entre ellos el propio Hitler contemplan el sistema fascista como un modelo de gobierno fuerte y resuelto en contraste con la debilidad de las democracias de Gran Bretaña y Francia.

Pero Mussolini busca algo más que adulación. Aspira a recrear el imperio romano, y ya tiene en mente un objetivo para su primera adquisición imperial. Ese objetivo es Abisinia, la actual Etiopía. Italia poseía colonias en sus fronteras, en Eritrea y en la Somalia italiana.

En diciembre de 1934, el Ejército italiano provoca un enfrentamiento con las tropas abisinias junto a un oasis de la región de Ogden, en el interior del territorio abisinio.

Mussolini responde enviando refuerzos a Eritrea y la Somalia italiana, y exigiendo indemnizaciones. El emperador de Abisinia, Lij Tafari Makonnen, más conocido como Haile Selassie, apela personalmente a la Sociedad de Naciones. Acude a ella para que sea coherente con sus ideales, se trata de un pequeño país amenazado por otro miembro de la Sociedad de Naciones.

Es la prueba de fuego, pero la Sociedad de Naciones no reacciona. El ministro de exteriores británico, Sir Anthony Eden intenta gestionar en último extremo un acuerdo de paz, pero Mussolini se niega categóricamente. A principios de octubre de 1935. el Ejército italiano invade a Abisinia desde Eritrea y la Somalia italiana. El primitivo ejército abisinio tiene escasas opciones frente a unas Fuerzas Armadas equipadas con tanques y artillería. La aviación italiana domina por completo el espacio aéreo, y hostiga sin descanso a los abisinios. En ocasiones arroja bombas de gas, pese a que su uso está considerado un crimen contra la humanidad por el Tratado de Versalles. Seis meses después, Abisinia está ocupada por completo. El emperador Haile Selassie se ve obligado a exiliarse.

Una Gran Bretaña económicamente débil

Gran Bretaña acabó la Primera Guerra Mundial con un ejército numeroso y muy efectivo, pero rápidamente se vio reducido a un pequeño ejército profesional, concebido para supervisar el creciente imperio británico, y al llegar la Gran Depresión cualquier proyecto de modernizar el ejército fue abandonado y eso significa que en el período previo a la guerra, Gran Bretaña es económica y militarmente débil.

Las bajas francesas durante la Primera Guerra Mundial fueron aún mayores que las británicas. Siempre recelosa de los alemanes, Francia mantuvo un nutrido ejército de reclutas, pero su índice de natalidad disminuyó en el transcurso de los años veinte, y estaba claro que tendría lugar un déficit de Recursos Humanos entre mediados y finales de los años treinta.

Ahora Francia siente que no puede competir contra Alemania en cuanto a número de efectivos militares y la solución consiste en adoptar una mentalidad plenamente defensiva. Crea la línea Maginot, levantada a partir de 1930, que se compone de un cordón de fortificaciones que transcurre a lo largo de la frontera germano-francesa hasta la frontera belga. Allí teóricamente enlaza con otras fortificaciones diseñadas por los belgas.

Este nuevo enfoque militar significa que Francia únicamente es capaz de librar una guerra defensiva, no está en condiciones de lanzar un ataque contra Italia, aunque contara con el apoyo de tropas británicas.

Así pues, cuando Italia conquista Abisinia es comprensible que ninguna de las dos potencias emprenda acción alguna, ahora mismo les parece un escenario demasiado remoto, y no están para ocuparse de problemas ajenos.

Por el momento ya tienen suficiente con enfrentarse a los traumas de la Gran Depresión. La presión resultaría excesiva y sobre todo, ambos países se enfrentan ahora a una amenaza militar mucho más cercana. Una Alemania renaciente y rearmada.

España y su influencia futura

El poder de Alemania y también el de Italia están a punto de ponerse a prueba al apoyar el alzamiento de otro dictador. En España, en 1936 estalla la guerra civil.

En España la contienda es inusitadamente despiadada. Se enfrentan hermanos contra hermanos, familias contra familias, comunistas contra fascistas, ateos contra creyentes...

Alfonso XIII de España, llamado "el Africano", que asumió personalmente la Corona al cumplir los dieciséis años, el 17 de mayo de 1902, fue rey de España desde su nacimiento hasta la proclamación de la Segunda República Española el 14 de abril de 1931, fecha en la que se exilia voluntariamente declarando textualmente: "Estoy decidido a evitar todo lo que pudiera llevar a una lucha entre españoles en una guerra civil fratricida. No renuncio a ninguno de mis derechos porque más que míos son un depósito sagrado acumulado por la historia".

En febrero de 1936, los partidos de izquierda se alían en un Frente Popular para enfrentarse a las fuerzas derechistas en unas elecciones generales. El Frente Popular vence por un escaso margen, pese a que su programa de reformas es más bien modesto. Una oleada de huelgas y expropiaciones inducen a la derecha a temer que un golpe de estado comunista es inevitable. En el seno del ejército español, un bastión de la ideología católica y conservadora, los oficiales de alto rango comienzan a sopesar la viabilidad de un golpe de Estado. Entre estos, se encuentra el general Francisco Franco, un antiguo Jefe del Estado Mayor que ha sido exiliado de facto para comandar las Fuerzas Armadas españoles en las Islas Canarias.

El 17 de julio de 1936 las unidades del Ejército que combaten contra las guerrillas en la colonia española de Marruecos se amotinan. Al día siguiente, Franco viaja desde Canarias para unirse a ellas, proclamando un nuevo Movimiento Nacional, destinado a salvar a España del comunismo.
Las guarniciones peninsulares se suman a la revuelta. El Frente Popular responde reclutando voluntarios para defender la República. El país está ya en pie de guerra.

El problema inicial es que el General Franco y su ejército se encuentran en el norte de África, y ha de cruzar el Estrecho de Gibraltar para regresar a España, por ello recurre a la ayuda de Alemania.
Antes de un mes, los aviones de transporte de la flamante Luftwaffe de Hitler ya han habilitado un puente aéreo para trasladar a los bregados veteranos de Franco hasta el sur de España.

Pero en esta fase del conflicto, la República parece poseer cierta ventaja. Los alzamientos militares a favor de Franco en Madrid y Barcelona han sido rápidamente neutralizados, y teniendo la mayor parte del este del país bajo el control del gobierno republicano, y los nacionales del General Franco localizados mayoritariamente en el noroeste y en parte del sur de España.

Pero la situación de los franquistas da un vuelco cuando Hitler y Mussolini comienzan a enviar tropas y armamento. Es cierto que la Unión Soviética también lo hizo en favor de la República. El dictador alemán aprovecha la oportunidad para poner a prueba sus nuevos pertrechos y sus dilatadas Fuerzas Armadas. Son enviados los primeros grupos, con cerca de doce mil soldados, y la Luftwaffe despliega su legión Cóndor, con sus ultramodernos bombarderos y aviones de combate. Italia envió un denominado cuerpo de voluntarios compuesto por veinte mil hombres y más de cien aviones.

Los republicanos solicitan ayuda a Gran Bretaña, Francia y la Unión Soviética, pero Londres y París temen hacer estallar una guerra en Europa y declaran una política de no intervención. Alemania e Italia suscriben la declaración, pero cuando se hace evidente que no dejan de enviar armas a las tropas franquistas, Iósif Vissariónovich Dzhugashvili, más conocido como Iósif Stalin o simplemente Stalin, el dictador soviético de origen georgiano anuncia su disposición a ayudar a la República.

El dictador soviético está inquieto por la extensión del fascismo en Alemania. Hitler ha dejado muy claro que para él el comunismo es el principal enemigo del nazismo. Stalin contempla el conflicto español como una manera de mantener a Alemania e Italia ocupadas, mientras se fortalece el poderío militar de la Unión Soviética. Cerca de siete mil asesores militares son enviados a España con tanques y aviones de combate, a la que hay que sumar la principal ayuda exterior a la República, que no procede de ningún estado, sino de los voluntarios de las brigadas internacionales, cerca de treinta mil comunistas e izquierdistas americanos, británicos, franceses y alemanes se alistan para combatir en España.

Los nacionalistas consiguen abrir dos frentes, uno avanza hacia Barcelona desde el norte el otro, dirigido por Franco se abre camino hacia Madrid desde el sur.

A finales de 1936, Madrid está acosada por tres flancos y prácticamente sitiado. Los combates son intensos y a menudo se ven acompañados por terribles atrocidades contra la población. Los republicanos persiguen y asesinan a sacerdotes católicos, los nacionalistas matan sin piedad a cualquiera que sea acusado de comunista… las fuerzas aéreas de Alemania e Italia y los agentes soviéticos se despachan sin ningún miramiento contra objetivos civiles. Madrid es sistemáticamente bombardeada.

Pero el episodio más cruel e inexplicablemente innecesario, algo parecido a lo que sucederá en la ciudad alemana de Essen años más tarde, se produce en abril de 1937 cuando la ciudad vasca de Guernica es prácticamente arrasada por un bombardeo. Seis mil civiles pierden la vida.

Poco a poco la zona controlada por la República se reduce a marchas forzadas. Sus tropas luchan valiente y ferozmente, pero soldados valerosos mal dirigidos, combatientes poco entrenados y mal equipados, no pueden compararse a la férrea disciplina, el orden y el rigor impuesto por el General Franco a sus tropas. A medida que la guerra se va alargando, los combates en la periferia de Madrid se convierten en un símbolo de la determinación de las izquierdas de no ser aplastadas por una dictadura de corte fascista, pero entre bastidores la alianza republicana se viene abajo.

Comunistas y socialistas quieren concentrarse en la consecución de una victoria militar pero los anarquistas y los sindicalistas más idealistas ven en la guerra una oportunidad para desencadenar una revolución de masas conducida por la clase obrera.

Esas discrepancias salen a la luz en mayo de 1937. En Barcelona tienen lugar enfrentamientos entre anarquistas, sindicalistas y comunistas que debilitan fatalmente la causa republicana.

A finales de 1938, los franquistas mantienen cercados a sus enemigos en un pequeño enclave en los alrededores de Barcelona, y en una zona que se extiende desde Madrid hasta la costa en dirección este.

Madrid continúa resistiendo pero las brigadas internacionales ya se han retirado, y cada vez más naciones reconocen la legitimidad del Gobierno del General Franco, a medida que sus tropas se aproximan a Madrid para lanzar el asalto a finales de marzo de 1939. Los defensores de Madrid están extenuados después de casi tres años de combates, y la capital finalmente se acaba rindiendo.

El último parte de la guerra civil española fue firmado por el General Francisco Franco, ya Jefe del Estado Español, en su cuartel general de Burgos, el 1 de abril de 1939. Esta es la transcripción:

"En el día de hoy, cautivo y desarmado el Ejército Rojo, han alcanzado las tropas nacionales sus últimos objetivos militares.

La guerra ha terminado".

Canciller de Alemania

Desde el momento en que es nombrado canciller de Alemania el 30 de enero de 1933, Hitler comienza a poner en práctica sus ambiciones a largo plazo. El 3 de febrero revela a sus comandantes que su objetivo final es conquistar territorios en el este de Europa y germanizarlo de manera implacable. Los comandantes reciben instrucciones de preparar una expansión a gran escala. Pese a que Alemania tiene prohibidos los tanques, un acuerdo secreto con la Unión Soviética firmado en 1923 ha permitido desarrollar diseños de tanques, y experimentar nuevas tácticas con vehículos blindados en el transcurso de los años en que sus fuerzas aéreas han estado prohibidas. Alemania ha continuado perfeccionando su capacidad de construir aparatos civiles de aviación y ha favorecido y financiado gran cantidad de clubes de vuelo sin motor, que suministrarán una reserva de experimentados aviadores. Hitler revela la existencia de la Luftwaffe en marzo de 1935.

Anunció entonces que el Ejército alemán ha crecido hasta los trescientos mil efectivos, y que se reintroduce el servicio militar obligatorio. Gran Bretaña y Francia protestan débilmente por esa flagrante violación del tratado de Versalles poco después, aunque lentamente y a regañadientes comienzan a rearmarse.

En 1934 los nazis austriacos intentan tomar el poder y unificar su país con Alemania, a fin de cuentas los austriacos hablan alemán, si bien nunca han formado parte de un estado alemán. En febrero de 1938 se descubre un nuevo complot nazi. El canciller austriaco Kurt Schuschnigg protesta ante Hitler.

Hitler responde exigiendo que Austria deje de maltratar a los nazis austriacos y se unifique con Alemania. De inmediato, Schuschnigg convoca un referéndum para que los austriacos voten si quieren o no seguir siendo independientes, pero el 12 de marzo de 1938, la víspera del referéndum ante el temor de que el resultado no sea el deseado, Hitler envía sus tropas. La bienvenida entusiasta y del todo sorprendente por parte de los simpatizantes nazis facilita una invasión sin derramamiento de sangre. Al cabo de unas horas Hitler anuncia la incorporación de Austria al Tercer Reich. Por primera vez una nación soberana ha sido incorporada en una Alemania más grande, y una vez más las democracias europeas no han sabido reaccionar.

En verano de 1938 Hitler se lanza a por su segunda presa, Checoslovaquia. Una importante minoría alemana puebla al noroeste del país en un área conocida como la región de los Sudetes o Sudetenland. Estos Sudetes alemanes formaban parte del antiguo imperio austriaco pero quedaron aislados cuando se creó Checoslovaquia en 1919. Eso fue una bomba de relojería que inició su cuenta atrás en el momento en que fue firmado el tratado de Versalles.

Hitler exhorta a los Sudetes alemanes a exigir autonomía y amenaza al gobierno checo con usar la fuerza si se niega a concederla. Lejos de dejarse intimidar, el gobierno checo ordena una movilización general y se prepara para resistir. El ejército checoslovaco es numeroso y está bien equipado y posee excelentes fortificaciones en la frontera con Alemania. Hitler da marcha atrás poco después a principios de septiembre ante el temor de una guerra inminente. El primer ministro británico, Neville Chamberlain decide actuar como mediador. Viaja dos veces a Alemania para reunirse con Hitler. El dictador nazi le asegura que si les cedida la región de los Sudetes, no reivindicará ningún otro territorio en Europa.

El 29 de septiembre de 1938 en Múnich, con Mussolini actuando como mediador, Francia y Gran Bretaña firman un acuerdo en virtud del cual se entrega la región de los Sudetes a Alemania, a cambio de una declaración formal por parte de Hitler de no plantear nuevas exigencias territoriales. Chamberlain regresa a Gran Bretaña ondeando en papel que se garantiza la paz y así el 1 de octubre, las tropas alemanas ocupan la región de los Sudetes y se apoderan de las fortificaciones fronterizas checas.

Hitler ya ha comenzado a evaluar su próximo objetivo, Polonia. Una vez más, el pretexto es una minoría alemana aislada a resultas del tratado de Versalles. Hitler exige la devolución del puerto de Danzig al estado alemán para que su provincia oriental pueda estar conectada con el resto de Alemania. Se le niega, y Hitler titubea, aún no está del todo preparado para una guerra total, y todavía no ha concluido sus asuntos en Checoslovaquia.

En marzo de 1939 la parte oriental del país, Eslovaquia, que es étnicamente distinta a las regiones checas, apela a Hitler para conseguir una mayor independencia. Hitler llama a Berlín al primer ministro checoslovaco Emil Hácha, y lo intimida para que ponga su país bajo protección alemana.

Cuando las tropas alemanas marchan en el resto de Checoslovaquia sin encontrar oposición, Eslovaquia es declarada un protectorado, Hitler ha ocupado territorios no germanófilos, pero de nuevo las protestas de Gran Bretaña y Francia no pasan de discretas.

A finales de marzo, Hitler reiteró su exigencia de que Polonia renuncie al llamado Corredor del Danzig. Esta vez Francia y Gran Bretaña anuncian inequívocamente que declararán la guerra si Polonia es atacada, pero de momento a Hitler le importa poco si lo harán o no, pues está convencido de que serían rivales débiles e indecisos

En Rusia la preocupación de Stalin por las agresiones de Alemania es cada vez mayor, y en abril propone una alianza con Gran Bretaña y Francia, pero las negociaciones apenas consiguen avanzar y por fin, Stalin tira la toalla y decide que existe otra solución para neutralizar la amenaza alemana. Sorprendentemente el 23 de agosto, la Unión Soviética y el Tercer Reich, considerados el uno al otro enemigos acérrimos, anuncian un pacto de no agresión.

El acuerdo especifica secretamente que Polonia se repartirá entre los dos países, y que está en tendrá carta blanca para apoderarse de Estonia, Letonia y Lituania. Libre ya de cualquier amenaza soviética, Hitler ordena a sus Fuerzas Armadas que organicen una invasión inmediata.

La tarde del 31 de agosto Alemania está lista para el asalto final. Ha tomado una decisión que sumirá al mundo en una gran guerra.

Los tanques se desplazan hacia sus posiciones de asalto al día siguiente. En las primeras horas del 1 de septiembre, soldados alemanes vestidos con uniformes polacos, asaltan una estación de radio situada en el lado alemán de la frontera, causando unas cuantas víctimas. Es la agresión que poco después servirá de pretexto a Hitler para justificar su ataque.

A las 8:00 h de la mañana, las tropas alemanas penetran a través de la frontera polaca, y las fuerzas motorizadas avanzan con velocidad.

Dos días después, el 3 de septiembre, Gran Bretaña y Francia declaran la guerra a Alemania en cumplimiento de su promesa de apoyar a Polonia, pero para entonces los polacos ya están en serios apuros.

A pesar de superar los polacos abrumadoramente en número de efectivos, se enfrentan a una nueva modalidad de guerra para la cual no están debidamente preparados.

La blitzkrieg o guerra relámpago aplasta a los polacos, que ven aún más dificultades por la ocupación de Checoslovaquia por los alemanes al oeste del país. Incluyendo la capital Varsovia, está rodeado por tres lados por territorios bajo control alemán. Esta ventaja geográfica es esencial para el gran plan de Alemania. La misión de la primera ofensiva de los tanques consiste en efectuar una importante penetración inicial, pero la victoria definitiva dependerá de movimientos de tenazas hacia el interior destinados a rodear y aplastar al enemigo.

Dichos ataques procederán del grupo de ejércitos norte comandado por el general Fedor von Bock, que lanzará sendas ofensivas desde el nordeste de Alemania y el este de Prusia.

El grupo de ejércitos sur, dirigido por el general Gerd von Rundstedt, lanzará otras dos desde Silesia y Eslovaquia. El objetivo de los movimientos de tenazas es confluir en las proximidades de Varsovia y Brest-Litovsk. Desde el principio todo marcha sobre ruedas para los alemanes, cuando la aviación polaca es prácticamente eliminada en los dos primeros días, y los tanques se abren camino y avanzan hacia el interior y los Junkers Ju 87 o Stukas (del alemán Sturzkampfflugzeug, «bombardero en picado»), y los bombarderos de alcance medio se revelan terriblemente destructivos, los polacos son fraccionados y acorralados en reductos donde la mayoría serán hechos prisioneros.

Circula la leyenda de que algunas valiosas unidades de caballería polacas han intentado hacer frente a los Panzers (Panzer es una forma abreviada de panzerkampfwagen, una palabra alemana que significa «vehículo de combate blindado»), pero en vano.

Los polacos se muestran menos hábiles y no pueden hacer frente a la velocidad del enemigo, simplemente son aplastados y destruidos. El 8 de septiembre, los movimientos de tenaza se encuentran, y las tropas alemanas avanzan en las afueras de Varsovia. El 17 de septiembre los otros movimientos de tenaza coinciden en Brest-Litovsk. Ese mismo día, fuerzas soviéticas cruzan la frontera este de Polonia según lo acordado entre Hitler y Stalin en el pacto nazi soviético.

El Ejército polaco se bate en retirada, y el gobierno abandona el país, pero Varsovia sigue luchando. Sus defensores rechazan la oferta de rendición alemana, y la máquina de guerra alemana se emplea contra ellos con toda su furia. Observándolo todo está Adolf Hitler, que ha seguido de cerca a su ejército conquistador.

El 27 de septiembre, Varsovia se rinde. Al día siguiente los dos vencedores, Alemania y la Unión Soviética se reparten Polonia de acuerdo con el pacto nazi soviético. La Unión Soviética se anexiona poco más de la mitad este del país y Alemania se queda con el resto.
Ambos regímenes comienzan a hostigar a cualquiera que pueda representar un peligro. En el futuro, muchas personas serán asesinadas, y por primera vez los alemanes revelan cómo se las gastarán con los pueblos del este de Europa que consideran inferiores. Envían a sus Einsatzgruppen, las unidades especiales de las SS para dar caza a los judíos.

La mayoría son constreñidos en guetos en las ciudades más grandes, donde morirán de inanición, otros son ejecutados en el acto… La invasión ha supuesto el fin del ejército polaco, más de cincuenta mil hombres huyen hacia Francia, allí funciona un gobierno provisional formado por el general Wladyslaw Sikorski. Los polacos lucharon valerosamente desde el exterior.

En guerra

En Gran Bretaña, las sirenas antiaéreas suenan pocos minutos después de que el primer ministro Neville Chamberlain anuncie que las hostilidades se han iniciado. En realidad, a pesar de las promesas de sus políticos de defender la soberanía polaca, Gran Bretaña y Francia han hecho bien poca cosa para ayudar a Polonia, tal como Hitler calculaba.

No saben cómo proceder una vez declarada una guerra real. Ambos países han comenzado a movilizarse, se habilitan protecciones contra ataques aéreos a marchas forzadas en las principales ciudades, se instalan cañones antiaéreos y se construyen refugios. Enseguida los niños son evacuados, todos deben llevar máscaras anti-gás y las ciudades se oscurecen para dificultar su visibilidad.

El Ejército británico comienza a desplegar los cien mil efectivos de su poderosa fuerza expedicionaria hacia el norte de Francia. Las tropas francesas han sobrepasado ligeramente la frontera alemana, pero rehúsan avanzar más allá del área cubierta por su artillería.

La iniciativa está aún en manos de Hitler, y él por lo menos sabe qué va a hacer a continuación. La blitzkrieg contra Polonia ha supuesto un éxito clamoroso para Adolf Hitler, ya que ha sometido a un país entero en menos de cuatro semanas, y su ambición todavía no se ha saciado. Por eso, ordena a sus generales que planifiquen el ataque contra Gran Bretaña y Francia en noviembre de 1939, cuando aún no han pasado ni dos meses desde la caída de Polonia.

Su Estado Mayor se echa las manos a la cabeza porque el grueso del ejército alemán se encuentra aún en el este, fuera del país, y ahora debe desplazarse hacia el oeste, y eso después de haber padecido importantes bajas durante la campaña de Polonia.

Allí ha habido alguna que otra lección que aprender. Los cañones antitanques polacos han destruido el equivalente a una división ligera Panzer, la cuarta parte de los aviones empleados se ha perdido, los Panzers eran demasiado ligeros y no demasiado fiables. Con frecuencia se veían rebasados por sus columnas de suministro, y por la infantería que avanzaba.

En este punto, después de encendidas discusiones, Hitler consiente en esperar hasta la próxima primavera. La marina alemana sigue aún ocupada en un ambicioso programa de reconversión que no concluirá hasta 1948. El comandante de su división submarina, el almirante Karl Dönitz, planea cortar las rutas de suministro británicas a lo largo del Atlántico. Para ello necesita trescientos submarinos trasatlánticos, pero no dispone de más que treinta y ocho. Con todo, Dönitz se asegura de que todos los submarinos disponibles se encuentran en el mar el día 3 de septiembre, el primer día de guerra contra Gran Bretaña.

Esa tarde, al ser confundido con un barco mercante, el submarino U130 torpedea y hunde el trasatlántico Athenia sin previa advertencia. La agresión se cobra ciento doce vidas, incluyendo veintiséis civiles americanos.
La marina británica supera de largo a su homóloga alemana. Posee doce acorazados, Alemania ninguno, posee además cinco portaaviones, Alemania igualmente ninguno…

Gran Bretaña declara el bloqueo total de los puertos alemanes, sin embargo, pese a su superioridad numérica, la Royal Navy cuenta con muy pocos barcos de escolta. Muchos mercantes deben zarpar solos, y a finales de 1939 más de cien ya han resultado hundidos. Enseguida se hace evidente que los británicos han subestimado lamentablemente la amenaza submarina. El 17 de septiembre el U29 hunde el portaaviones británico Corageous. El 12 de octubre el acorazado Royal Oak lo es hundido cuando el U147 se desliza a través de las defensas de la base de la flota principal británica en Scapa Flow en las islas Orcadas.

Entretanto, también la pequeña flota de superficie alemana es movilizada contra las rutas marítimas enemigas. El 22 de noviembre los cruceros de combate Scharnhorst y Gneisenau interceptan un convoy en el mar del norte. Hunden también su buque escolta el crucero mercante armado Rawalpindi. Pero es el acorazado de bolsillo Graf Spee el que causa mayores problemas.

Diseñado específicamente para atacar buques de abastecimiento enemigos con sus cañones de 28 cm., es capaz de destruir cualquier buque y darse rápidamente a la fuga, y su velocidad le permite escapar de cualquier Acorazado.

El Admiral Graf Spee zarpa de Alemania antes del inicio de las hostilidades. Pronto se dedica a cortar rutas comerciales en el Atlántico sur y en el Índico. Finalmente tres cruceros británicos, el Ajax, el Cumberland y el Exeter lo interceptan a poca distancia del río de la plata en la costa oeste de Sudamérica. Las naves británicas dañan el acorazado de bolsillo tan seriamente que ha de refugiarse en el puerto neutral uruguayo de Montevideo. Allí los alemanes creen las falsas noticias de que han llegado a la zona unas fuerzas británicas mucho más potentes. Cuando el Graf Spee es conminado a abandonar el puerto, su capitán decide hundirlo antes de que lo aniquile el enemigo.

De regreso a Gran Bretaña los marinos de la Royal Navy son recibidos como héroes, pero realmente se trata del único éxito claro celebrado por los ejércitos de Gran Bretaña y Francia durante el invierno de 1939. Por lo demás, a principios de 1940, la guerra está calmada. Ambos bandos no hacen gran cosa durante el invierno salvo patrullar, adiestrarse e intentar entrar en calor, ya que ese invierno es particularmente frío.
Un periodista americano la denomina la "guerra de broma", phoney war, en alemán Sitzkrieg, o en francés drôle de guerre.

En primavera, la numerosa fuerza expedicionaria británica toma posiciones a la izquierda del frente en la frontera belga, pero es superada de largo por sus aliados franceses. Francia posee cerca de cien divisiones a lo largo de las fronteras belga y alemana, y otras en reserva en sus proximidades. Este desequilibrio significa que el comandante británico, Lord John Gort, ha de aceptar sin rechistar las ideas del general francés Maurice Gamelin, las cuales son completamente defensivas.

Las esperanzas francesas están depositadas en las imponentes barreras de la línea Maginot, una serie de fortificaciones que transcurren desde Suiza a Bélgica a lo largo de la frontera germano francesa. La línea se considera totalmente impenetrable y su objetivo es mantener a salvo el territorio francés. Los aliados realmente no tienen idea de cómo derrotar a Alemania.

El 30 de noviembre de 1939, se abre un nuevo escenario bélico. La Unión Soviética invade su pequeño país vecino Finlandia. Finlandia no consiguió independizarse de los rusos hasta 1918 y los detesta. El dictador soviético Joseph Stalin está convencido de que algún día los fineses permitirán a los alemanes atacar Leningrado y el fundamental puerto ártico de Múrmansk. El Ejército rojo supera al de sus adversarios en número de más de diez a uno. La invasión promete ser un paseo, pero su cúpula militar ha sido aplastada por las contundentes purgas de Stalin. Los fineses están dirigidos por el general Carl Gustaf Emil Mannerheim. Se defiende utilizando tácticas relámpago sobre la espesa nieve, a menudo sobre esquís. Las tropas soviéticas, confusas y mal dirigidas, padecen numerosas bajas.

La brava resistencia de Finlandia estimula la imaginación de franceses y británicos y planean el envío de ayuda hacia Noruega y Suecia. El hecho de que eso pueda involucrar a dos países neutrales en la guerra es ignorado, pero una nueva ofensiva soviética a principios de febrero rompe la línea defensiva finesa.

A primeros de marzo los fineses han de ceder territorio a Stalin. También Hitler ha comenzado a mostrar interés por Escandinavia, la máquina de guerra nazi precisa del mineral de hierro procedente de Suecia. En los meses de invierno, la única manera de que llegue a Alemania es a través del puerto noruego de Narvik. Si los aliados desembarcan en Noruega, esa vía de abastecimiento esencial podría verse interrumpida, por eso ordena planificar la invasión de Noruega. Dinamarca queda en medio, también habrá de ser ocupada.

El escenario noruego se calienta el 16 de febrero de 1940. El destructor británico Cossack aborda al barco de abastecimiento alemán Altmark en un fiordo noruego a fin de liberar prisioneros. Más adelante el 9 de abril las tropas alemanas comienzan a desembarcar.

De manera simultánea efectivos de la recién creada división paracaidista Alemania ocupa los aeródromos de Stavanger y Oslo, Cogidos por sorpresa, los defensores noruegos se ven rápidamente aplastados. También los daneses, las fuerzas alemanas ocupan ambos países en veinticuatro horas En Noruega, los alemanes se desplazan velozmente para conectar sus cabezas de playa, y ocupar las principales ciudades. En el aire el dominio de la Luftwaffe es incontestable.

Los aliados responden con una fuerza de desembarco enviada a la zona con la intención de recuperar Narvik. Las tropas de Francia y Noruega consiguen su objetivo el 28 de mayo, pero una poderosa fuerza alemana se aproxima y 6 semanas después los aliados abandonan Noruega.

Hitler ha pasado la mayor parte del invierno y la primavera en el Berghof, su refugio rural en el sur de Baviera. Para él, lo acaecido en Escandinavia ha sido algo secundario y se ha dedicado a preparar su próxima gran blitzkrieg contra Gran Bretaña y Francia.

El primer plan que le sugieren sus generales le resulta familiar, los alemanes penetrarían en Bélgica para girar desde allí hacia París es una repetición del plan utilizado por los alemanes al inicio de la Primera Guerra Mundial.

Los aliados cuentan con ello y su principal discusión estratégica consiste en cómo prepararse para neutralizarlo cuando los alemanes ataquen, Los aliados planean que sus fuerzas situadas al oeste de la línea Maginot penetren en Bélgica para frenar al enemigo en la línea más corta y defendible, formada por los ríos Tille y Mosa.

El 10 de enero de 1940 un avión de enlace alemán pierde su rumbo y se estrella en Bélgica. En su interior se encuentra una copia del plan alemán, Eso convence a los aliados de que su plan ha de funcionar y despliegan sus efectivos en consecuencia.

Por desgracia el mismo incidente induce a los alemanes a cambiar por completo de planes. El estratega principal, el general Erich von Manstein, siempre ha considerado el plan original poco imaginativo, le preocupa que las tropas alemanas pudieran quedar empantanados como en la Primera Guerra Mundial, y que su país acabará derrotado tras una lucha interminable.

Por eso propone a Hitler que la ofensiva principal se desarrolle en la zona en que termina la línea Maginot, donde los aliados serían más vulnerables. Cuando sus ejércitos, situados en el oeste avanzaran, la práctica totalidad de los tanques alemanes se reuniría frente a las Ardenas al sudeste de Bélgica.

Los aliados consideran esta zona abrupta y boscosa, poco menos que infranqueable para los tanques, por cuyo motivo no se han preocupado en exceso de defenderla. El plan consiste en reubicarse detrás de los ejércitos aliados que se habrán adentrado en Bélgica así podrán cortarles el paso y todas las fuerzas situadas en la línea Maginot serán sobrepasadas.

Es una estrategia arriesgada, las unidades blindadas alemanas pueden quedarse atascadas en el bosque, pero a Hitler le gusta. Así pues, las fuerzas alemanas reorganizan sus posiciones sin el conocimiento de los aliados. Mientras tanto, los aliados se preparan para su prolongada guerra defensiva. Además de la formidable barrera de la línea Maginot, poseen una ligera ventaja en cuanto a efectivos alrededor de ciento diez divisiones frente a las noventa y cinco alemanas, y también en cuanto a vehículos blindados, unos tres mil contra los dos mil setecientos del Ejército alemán.

También los mejores tanques, de treinta y dos toneladas, que disponen de dos cañones de setenta y cinco y cuarenta y siete centímetros. Su desventaja es que el cañón principal está montado en el casco, con lo que se hace difícil apuntar. El segundo cañón se encuentra en una torreta monoplaza, en la cual el tripulante debe controlar el tanque y a la vez dirigir el cañón.

En contraposición, el último modelo alemán, el Panzer Mark cuatro de diecisiete toneladas dispone de un cañón de setenta y cinco en una espaciosa torreta para tres personas, de manera que sus tripulantes pueden trabajar en equipo, pero solo hay un centenar de vehículos disponibles, los demás tanques principales franceses poseen también cañones comparables a los de los alemanes, pero su torreta es igualmente monoplaza.

El único ámbito en el que los alemanes cuentan con una clara ventaja es el aire. La Luftwaffe posee dos mil bombarderos mientras que los aliados únicamente ochocientos. La Luftwaffe dispone de cuatro mil aviones de combate, incluyendo el ultramoderno Messerschmitt BF 109, y deberán enfrentarse a tan solo dos mil quinientos aviones bastante más antiguos. La aviación británica dispone de unos ochocientos sofisticados Spitfire y Hurricane, pero los mantiene reservados para la defensa interna.

El 10 de mayo de 1940, Winston Churchill se convierte en primer ministro del Reino Unido. No podía haber elegido un día peor, pues es la fecha en que Hitler decide lanzar su blitzkrieg contra Francia y Gran Bretaña.

Al amanecer, una división aerotransportada alemana cae en paracaídas sobre Holanda para ocupar puentes y campos de aviación y simultáneamente la sólida fortaleza de Eben-Emael es asaltada. Zapadores paracaidistas se lanzan sobre sus cúpulas desde los planeadores alemanes y rápidamente inhabilitan los cañones. Mientras tanto la Luftwaffe ataca bases aéreas en Holanda y Bélgica. A continuación, las barreras fronterizas son apartadas y el grupo de ejércitos B de Hitler, comandado por el general Fedor von Bock, se adentra en Holanda y Bélgica.

Conforme a lo planeado, los ejércitos británicos y franceses situados a lo largo de la frontera belga avanzan hacia su línea defensiva a lo largo de los ríos Tille y Mosa, pero ninguno de los comandantes aliados parece haber advertido que el grupo de ejércitos A de los alemanes, que posee la mayoría de los Panzers después de haber apartado a las tropas fronterizas belgas, han comenzado a penetrar en las colinas y bosques de las Ardenas.

Mientras tanto, los alemanes avanzan velozmente a través de Holanda. El obsoleto ejército holandés no puede hacer frente a la ultramoderna máquina de guerra alemana y padece los continuos ataques aéreos de la Luftwaffe que surca los cielos sin oposición.

El 14 de mayo los alemanes exigen la entrega del puerto de Rotterdam. Una nutrida fuerza de bombarderos alemanes despega, mientras los holandeses aún titubean. Cuando ya están volando, los holandeses acuerdan entregar la ciudad, pero al parecer ningún aviso de retirada llega a los bombarderos y Rotterdam es devastada. Holanda capitula al día siguiente.

Llega más tarde una noticia que cae como un jarro de agua fría. La posibilidad que británicos y franceses habían juzgado imposible se ha cumplido. Los tanques alemanes han atravesado el bosque de las Ardenas y han llegado al Mosa por la tarde del 12 de mayo. Entre los primeros en llegar a Sedán, al norte de la línea Maginot se encuentran los hombres del décimo noveno cuerpo Panzer dirigido por el general Georg von Sodenstern que acaba de salir victorioso de Polonia.

Guderian demuestra ahora cómo se debe hacer una blitzkrieg. Se desentiende de las tropas situadas en la línea Maginot y no espera a que lo alcance su propia infantería. Avanza directamente. Las tropas de asalto cruzan el río Mosa. Los zapadores comienzan a construir puentes para las unidades blindadas pese al intenso fuego francés. El día 14 los Panzers comienzan a cruzarlos y esa tarde la cabeza de puente de Guderian se encuentra casi 13 km y se han realizado nuevos cruces en Montroi y Dinar. Las tropas francesas inmovilizadas en la línea Maginot se ven impotentes para intervenir. Los bombarderos aliados lanzan ataques desesperados para destruir los puentes alemanes, pero la mayoría son derribados. Las artillería alemana bombardeaban las defensas francesas sin parar mientras los Stukas se lanzaban en picado justo tres días después de haberse iniciado el ataque.

La resistencia francesa alrededor de Sedán se viene abajo. Los Panzers de Guderian se desplazan veloces hacia el oeste, al anochecer han avanzado más de sesenta kilómetros en pos del grupo de ejércitos aliados norte. Estos se han mantenido firmes en la línea de día, pero ahora el comandante en jefe francés, el general Gamelin, advierte que están a punto de quedar rodeados y les ordena replegarse. Esta repentina decisión de retirarse desconcierta a las tropas aliadas que ignoran por completo lo que está ocurriendo detrás de ellas.

El repliegue se ve dificultado por una creciente avalancha de refugiados que obstruyen las carreteras. Ese mismo día, el primer ministro francés Paul Reynaud telefonea a Churchill para decirle que han perdido la batalla y nada se puede hacer ya. Parece que nada puede frenar a Guderian, que se adentra cada vez más en territorio francés.

El día 19, sus unidades punteras ya han sobrepasado pero el día 20 tras una extraordinaria carrera de noventa kilómetros, Amiens es ocupada a la hora del almuerzo, a solo veintidós kilómetros del canal de la Mancha.

Es ocupada a las nueve de la noche y a medianoche un batallón de la Segunda División Panzer llega a la costa. Los alemanes han dividido en dos el frente aliado, ahora todo depende de si serán capaces de defender ese largo pasillo, o de si los aliados podrán contraatacar con éxito. Así las cosas, los británicos están dispuestos a romper las líneas alemanas. El 21 de mayo dos batallones acorazados se preparan para lanzar un ataque en el sur de Arrás.

Los tanques británicos son menos apropiados para el combate en rápida evolución que los franceses. Los alemanes no tienen excesivos problemas para repeler el ataque, pero eso produce una reacción, el alto mando alemán comienza a preocuparse por sus prolongadas líneas de comunicación. En consecuencia, por el momento, el avance hacia el sur de Francia queda suspendido hasta que llegue la infantería, la prioridad es girar hacia el norte y eliminar a la fuerza expedicionaria británica y al primer Ejército francés que combate a su lado.

El 22 de mayo Guderian y los Panzers inician su ofensiva para destruir los ejércitos aliados. Estos se retiran hacia los puertos de Calais y Dunkerque, pero quedan atrapados. El 23 de mayo, el general Sir Allan Brooke, comandante del segundo cuerpo británico escribe que nada excepto un milagro puede salvar a la fuerza expedicionaria británica.

Dos días después los alemanes ocupan Coulon. Empieza a parecer que incluso un milagro llegaría aunque demasiado tarde. El 25 de mayo de 1940, la situación de la fuerza expedicionaria británica y del primer ejército francés es desesperada. El puerto de Boulogne ha sido invadido las tropas alemanas, han aislado a los británicos que se han visto obligados a regresar al puerto de Dunkerque.

El comandante británico, notifica a su gobierno que la única esperanza de salvar ni aunque sea una fracción de sus tropas, consiste en organizar una evacuación por mar.
Cuando los bombarderos en picado comienzan a silbar y los Panzers se preparan para el asalto final, la evacuación se antoja una esperanza vana los británicos que prevén que Dunkerque será tomada en un solo día.
Sin embargo los británicos ignoran que Hitler y el alto mando alemán han tomado una decisión que los salvará de la aniquilación total. Los alemanes son plenamente conscientes de que los tripulantes de sus Panzers están exhaustos, y de que sus máquinas necesitan reparaciones urgentes. Los ataques lanzados por De Gaulle y los británicos han fracasado, pero han puesto en evidencia hasta qué punto son vulnerables a las líneas de comunicación alemanas.

Esta es la gran debilidad de la blitzkrieg, por consiguiente, el alto mando alemán toma una decisión fatídica, aunque obligada. Ordena frenar el avance de los Panzers para evitarles daños mayores, y esperar la llegada de la infantería, solo entonces serán eliminados los aliados atrapados en Dunkerque.

Así pues, la blitzkrieg se detiene y los Panzers para motores. No avanzarán durante dos días, lo suficiente para conceder especialmente a los británicos un cierto tiempo para prepararse. Mientras los tanques esperan, la única acción importante tiene lugar en Calais. Allí las guarniciones francesas y británicas se niegan a rendirse, pero son aplastadas tras tres días de feroces y sangrientos combates cuerpo a cuerpo.

Cuando los Panzers se ponen nuevamente en marcha dos días después, el 26 de mayo, el tiempo ha cambiado. Los alemanes quedan atascados a causa de la intensa lluvia, concediendo así un tiempo suplementario a los aliados.
Así las cosas, el 26 de mayo a las 7:57 de la mañana, el vicealmirante Lord Bertrand Ramsey, oficial superior de la Marina, recibe la orden de Winston Churchill para poner en marcha la operación Dynamo. Retirada

La operación Dynamo es un plan destinado a retirar a la fuerza expedicionaria británica por mar. Se ha preparado sin demasiadas esperanzas de poder ponerlo en práctica. Al día siguiente, una improvisada flota de destructores, remolcadores y transbordadores cruza el canal de la Mancha, pero al final del día menos de ocho mil de los más de trescientos mil hombres acorralados en Dunkerque han sido rescatados.

El puerto sufre un ataque aéreo tan violento que no puede ser utilizado, y los barcos no pueden acercarse lo suficiente a las playas. Lord Ramsey efectuó un llamamiento a todas las embarcaciones de poco calado de más de diez metros de eslora... cientos de lanchas, pesqueros y barcazas zarpan de los puertos de todo el sur de Inglaterra y son enviados a través del canal de la Mancha, muchos de ellos tripulados por sus propietarios civiles.

A la semana siguiente las pequeñas embarcaciones operan junto a las playas de Dunkerque transportando tropas a barcos más grandes con la esperanza de ponerlas a salvo. En todo momento se ven expuestas a ataques aéreos de la Luftwaffe. La aviación británica incorpora todos sus aviones de caza a la batalla para ahuyentar a la Luftwaffe.

Aun así, siete destructores franceses y otros tantos británicos son hundidos junto a veinticuatro buques de guerra de menor tamaño. La cuarta parte de las casi setecientas pequeñas embarcaciones nunca regresará a casa, pero cuando la evacuación concluye el día 4 de junio más de trescientos mil hombres, el cuarenta por ciento de los cuales son franceses, han sido rescatados.

Nada de eso habría sido posible sin el heroísmo del ejército francés, que ha desempeñado un papel decisivo ralentizando el avance alemán. La retaguardia francesa no abandona sus posiciones alrededor de Dunkerque hasta que los últimos barcos se alejan de las playas.

El comandante británico compara el episodio a la resistencia final de los espartanos en las Termópilas, Todo el ejército británico ha perdido la mayoría de sus armas pesadas, no volverá a estar en condiciones de luchar contra los alemanes durante un largo tiempo.

Toma de Francia

Francia continúa luchando, aunque ha perdido más de la mitad de su ejército. Los alemanes en cambio disponen de noventa y dos divisiones, incluyendo gran cantidad de unidades blindadas. El 5 de junio por la mañana, un breve bombardeo inicia la destrucción final de Francia.

Las tropas de asalto crucen el Somme y avanzan sin freno. En principio la resistencia francesa es feroz y los alemanes pasan serios apuros para huir de sus cabezas de puente, pero una vez más la Luftwaffe ayuda a aplastar las defensas. Pronto los Panzers se abren camino hacia el sur, y el goteo de las tropas francesas que se rinden, se convierte en una riada.

El día 8 los Panzers alemanes llegan al río Sena y la infantería se encuentra a unas pocas horas de distancia. Una vez cruzado el río, los alemanes se abren en abanico hacia el interior del país.

El día 14, el ejército alemán desfila en París. La esvástica es izada en la Torre Eiffel. Hitler ha conseguido la presa que se le escapó al Káiser en 1914. Los habitantes de París no pueden más que mirar perplejos y horrorizados.

Durante el período del colapso francés, Winston Churchill efectúa 3 visitas a Francia para intentar levantar la moral de la resistencia francesa. El 16 de julio incluso ofrece a Paul Reynaud una unión con Gran Bretaña si Francia continúa la lucha, pero es demasiado tarde. El gabinete de Reynaud rechaza la propuesta, y el primer ministro dimite esa misma tarde.
Es sucedido por el Mariscal Philippe Pétain, que de inmediato pide a los alemanes una Armisticio. Solo entonces los alemanes inician por fin el ataque de la línea Maginot que ha quedado aislada después de un intenso bombardeo de la artillería. Los defensores franceses ofrecen únicamente una resistencia simbólica antes de que las tropas alemanas ocupen los fuertes. El 21 de junio Hitler llega a Compiègne, donde se guarda el vagón de tren en el que los alemanes firmaron el Armisticio en 1918.

Cuando la delegación francesa entra en el vagón, Hitler les expone sus condiciones y se va. Los franceses insisten en consultar a su gobierno, pero se les ha comunicado que, de no firmar de inmediato, los Panzers volverán a rodar. Así pues firman, y la humillación de Francia es completa.

Hitler considera absoluto su control sobre el oeste de Europa y está convencido de que ahora los británicos buscarán la paz, y de que pronto podrá pasar a la segunda etapa de su Plan General.
Pero pese a que la blitzkrieg ha conseguido mucho y muy deprisa, no le ha hecho ganar la guerra. Los británicos, aplastados y maltrechos, han escapado para seguir luchando otro día.

22 de julio de 1940. Gran Bretaña se queda sola frente a los nazis. Francia ha capitulado y el primer ministro Winston Churchill no puede más que musitar palabras de desafío.

Gran Bretaña cuenta aún con todos los recursos de su vasto imperio. Canadá, Australia, Nueva Zelanda, Sudáfrica, la India y otros numerosos territorios declararon rápidamente la guerra a Alemania, pero se encuentran a miles de kilómetros allende los océanos, y su poder militar no puede ofrecer soporte donde realmente se necesita.

La situación es desesperada. Hitler no duda que Gran Bretaña no tardará en negociar la paz. Pero enseguida Churchill demuestra hasta qué punto está dispuesto a proseguir la guerra contra los nazis.

Un poderoso escuadrón formado por dos acorazados y dos cruceros de combate franceses está anclado en el puerto de Mers el-Kebir en el Ángel francés. Si los barcos franceses quedan en poder de los alemanes, la situación de la Marina británica en el Mediterráneo pasará a ser crítica.
Por esta razón, el día 3 de julio, un grupo de trabajo de la Royal Navy exige que los barcos franceses se unan a ellos o bien que se recluyan en un puerto neutral. Los franceses se niegan y como respuesta los británicos abren fuego contra sus antiguos aliados. Destruyen o causan graves daños a tres de los acorazados casi mil trescientos marineros franceses pierden la vida.

Pero la dureza y determinación de Churchill no parece impresionar a Hitler. El 19 de julio regresa triunfante a Berlín y es recibido con entusiasmo por más de un millón de personas.

Ese mismo día pronunció un discurso en el Reichstag el Parlamento alemán ofreciendo condiciones de paz a Gran Bretaña, su oferta parece generosa. Gran Bretaña puede conservar su imperio y como contrapartida Hitler solicita tener mano libre en Europa.
Su plan consiste en conquistar los países del este para adquirir "lebensraum", en alemán espacio vital para el pueblo teutón, pero Churchill no quiere ni oír hablar de esto.
Los británicos seguirán luchando… sus palabras elevan la moral del país, Gran Bretaña vive su mejor momento, la actitud desafiante de Churchill le confiere

una enorme popularidad. El rey Jorge sexto escribe en su diario personalmente "ahora mismo me complace no tener más aliados a los que alagar guardando siempre en las formas…", pero cuesta creer que Gran Bretaña pueda cambiar la situación y ganar realmente la guerra.

El ejército británico ha logrado sobrevivir en Dunkerque, pero ha perdido casi todos sus tanques, su artillería y sus medios de transporte durante la evacuación. Cuenta únicamente con veinticinco divisiones armadas, la mayoría equipadas con fusiles para resistir frente a las imponentes columnas blindadas de la máquina de guerra más temible del mundo.

Pues bien poco se puede hacer salvo atrincherarse y aguardar. Se habilitan defensas costeras y se construyen puntos fuertes de hormigón en el sur de Gran Bretaña. Se retiran señales indicadoras de las carreteras para dificultar la orientación de eventuales invasores. Extensas áreas abiertas son sembradas de obstáculos para disuadir a las tropas aerotransportadas, se recluta además una milicia local voluntaria.
La Guardia local está integrada por hombres que no reúnen condiciones para combatir, muchos de ellos debido a su edad. A finales de junio de 1940 casi un millón y medio de voluntarios se han alistado, pero el número de armas de fuego disponibles es sensiblemente inferior

Mientras tanto Hitler prosigue con sus planes de invasión denominados en clave "Operación León Marino". Alrededor de veinte divisiones se preparan en Francia formando un amplio frente a lo largo de la costa sur de Inglaterra. Se reúnen barcazas procedentes de todo el noroeste de Europa y se habilitan como lanchas de desembarco provisionales.

Las tropas alemanas están adiestradas para desembarcar en playas pero, pese a las bravuconadas de Hitler, los planificadores de la operación están inquietos. Quizás Hitler considera el canal de la Mancha como un río o cualquiera que se cruza sin más, pero la marina británica sigue siendo la mayor del mundo. Es posible que se halle excesivamente dispersada debido a sus obligaciones internacionales, pero la flota metropolitana de la marina real británica supera en número y con creces a la marina alemana.

El jefe de la Kriegsmarine, la marina alemana, el almirante Erich Hans Albert Raeder, no confía en poder mantener el control del canal de la Mancha el tiempo suficiente para que el ejército consiga cruzarlo, pero hay un ámbito en el que la superioridad alemana es en apariencia muy superior. La Luftwaffe supera ampliamente a la RAF, la Fuerza Aérea Británica.
El comandante de la Luftwaffe, Hermann Wilhelm Göring, no duda que podrá mantener el control aéreo sobre el canal el tiempo suficiente para que el operación León Marino se lleve a cabo.

El 10 de julio la Luftwaffe comienza a atacar embarcaciones en el canal de la mancha. Para responder a estos ataques, los británicos cuentan con dos de los más extraordinarios monoplanos monomotor con varias ametralladoras de última generación, el Supermarine Spitfire y el Hurricane. El avión Spitfire es algo más ágil y veloz que su rival alemán, el Messerschmitt BF 109 que escolta a los bombarderos germanos.

Los dos principales cazas de la RAF en el verano de 1940 eran el Supermarine Spitfire y el Hawker Hurricane, ambos propulsados por motores Rolls-Royce Merlin. El Spitfire era el avión superior en términos de maniobrabilidad y su velocidad máxima de 721 km/h. El armamento estándar del Spitfire era dos ametralladoras de 12,7 mm y dos cañones de 20 mm. El Spitfire llevaba tambores de munición de 300 a 350 cartuchos por cada ametralladora, lo que significaba que un piloto solo podía dispararlos durante un total de 15 segundos. El segundo mejor caza de la RAF era el Hurricane, pero tenía más armamento que los Spitfire. El Hurricane era fiable y estaba bien armado con entre 8 y 12 ametralladoras.

La RAF tenía 19 escuadrones Spitfire y 32 escuadrones Hurricane en junio de 1940. Estos cazas y otros como el Boulton Paul Defiant formaban una fuerza operativa total de alrededor de 600 cazas, decididamente muy pocos para defender Gran Bretaña. Algunos pensaban que se necesitaban 120 escuadrones, pero era imposible.

Además, Dowding era un comandante cauteloso y rara vez comprometía más de la mitad de su fuerza en un momento dado. Afortunadamente para Dowding, cada semana salían de las líneas de producción 300 nuevos cazas. Además, durante la batalla, 250 de los aviones dañados se reparaban y se volvían a poner en servicio cada semana, una estadística crucial ya que hasta el 30% de los aviones resultaban dañados por accidentes y no por fuego enemigo. La Luftwaffe tuvo un problema similar, pero aquí estaba seriamente en desventaja porque sus fábricas de reparación estaban muy lejos en Europa central.

El principal caza de la Luftwaffe era el Messerschmitt BF 109 propulsado por un motor Daimler- Benz de 12 cilindros. El Spitfire era más maniobrable que el Me 109, pero este último podía ir en picado mejor gracias a su motor de inyección de combustible. Ambos aviones tenían una velocidad máxima similar. El caza alemán estaba armado con un cañón y dos ametralladoras. El Me 109 llevaba más munición que sus homólogos de la RAF, por lo que el piloto podía disparar durante 55 segundos en total. En 1940, más de 150 de estos cazas, salían de la línea de producción cada mes. El avión de segunda elección de la Luftwaffe fue el cazabombardero Messerschmitt BF 110 (Me 110), más lento.

Los combatientes alemanes adoptaron la formación Schwarme, donde siempre había dos pares de combatientes juntos. Los cuatro aviones estaban relativamente dispersos, lo que hacía que el grupo fuera mucho menos visible que la formación más cerrada que adoptaron los cazas de la RAF al principio de la batalla.

La Luftwaffe era numéricamente muy superior a la RAF, pero las tres flotas aéreas de la Luftwaffe involucradas en la batalla (Luftflotten 2, 3 y 5) no podían desplegar todas sus fuerzas a causa de la distancia. En la práctica, la Luftwaffe contaría con un núcleo de unos 750 bombarderos de largo alcance, unos 250 bombarderos en picado, algo más de 600 cazas monomotores y 150 bimotores.

La ventaja de ser local fue un factor importante ya que los cazas alemanes tenían mucho menos tiempo en los cielos sobre Gran Bretaña antes de que se les acabara el combustible. Los alemanes podían concentrar todos sus aviones al sureste de Inglaterra, pero, manteniendo la iniciativa táctica, también podían mantener a los británicos en vilo cambiando continuamente de objetivos, tanto en términos de geografía como de tipo, como transporte marítimo por el canal, ciudades costeras, aeródromos, estaciones de radar y ciudades.

En resumen, la RAF tuvo que desplegar combatientes por toda Gran Bretaña. Una desventaja para la Luftwaffe fue que los aviadores alemanes obligados a saltar y utilizar sus paracaídas se convertían en prisioneros de guerra. Esta fue una batalla en la que los hombres eran tan vitales como las máquinas, y entrenar pilotos y reemplazar las pérdidas se volvió problemático para ambos bandos, no tanto en términos de unidades, sino ciertamente en términos de experiencia en la aviación.

Mientras la Luftwaffe intentaba destruir la RAF en tierra, se desplegaron bombarderos de tamaño mediano en la batalla de Inglaterra. La Luftwaffe tenía bombarderos bastante pesados como el Dornier Do 17 y el Do 215, pero el bombardero Heinkel He 111 era más rápido y versátil. Todos los bombarderos alemanes estaban armados con ametralladoras, pero demostraron ser muy vulnerables a los ataques de cazas enemigos mucho más rápidos, hasta el punto de que necesitaron una escolta de cazas y, al final, se vieron restringidos a vuelos nocturnos.

Una gran desventaja para la Luftwaffe era la pequeña carga de bombas de estos aviones. El mejor bombardero, el Junkers Ju 88, solo podía transportar una carga máxima de bombas de
2.500 kg (un bombardero Lancaster de la RAF llevaba 6.350 kg). Un bombardero híbrido era el Ju 87 Stuka, que se había destacado en el bombardeo de objetivos específicos durante las tácticas de blitzkrieg de Alemania en Europa occidental hasta el momento de la guerra.

Los bombarderos de la Luftwaffe se guiaban hacia sus objetivos mediante ayudas de navegación por radar. Knickebein ("Pierna Torcida") enviaba dos señales de radio de navegación desde la Europa continental que los bombarderos podían rastrear. El lugar donde se cruzaban los dos rayos marcaba dónde debían lanzarse las bombas. Para agosto, los británicos ya conocían el sistema y enviaban señales de interferencia.

Una mejora de Knickebein fue el equipo de radar X-Gerät (aparato X), que seguía varios haces enviados por transmisores en la Europa continental. A pesar de estas ayudas, los bombardeos eran a menudo irremediablemente imprecisos. Las expectativas de la RAF son desalentadoras. Dowding sabe que no podrá enfrentarse a la Luftwaffe cada vez que sobrevuele el canal, así, cuando los alemanes comienzan a atacar barcos británicos, Dowding no opone resistencia.

Su intención es utilizar la RAF únicamente para impedir que la Luftwaffe establezca la supremacía aérea necesaria para una invasión, por eso solo hará frente a ataques de mayor envergadura. Ya en los años 30, científicos británicos y alemanes sabían que es posible detectar objetos situados fuera del alcance de la visión humana haciendo chocar con ellos ondas radioeléctricas, y midiendo el tiempo que tardan en regresar las señales.

Avances tecnológicos

En Gran Bretaña, un equipo de científicos dirigido por Sir Robert Alexander Watson-Watt, comienza a desarrollar un radar apto para detectar aviones que se aproximan desde lejos. Su trabajo es aprovechado por Dowding, éste hace del radar el núcleo del primer sistema integrado de defensa antiaérea del mundo hoy conocido como red local.

Los británicos se habían preparado mucho antes de la batalla estableciendo el sistema Dowding, un sistema integrado de defensa aérea que permitía una respuesta rápida a los ataques aéreos.

El sistema incluía descifradores de códigos de inteligencia Ultra que escuchaban las comunicaciones secretas de Alemania, aviones de reconocimiento de la RAF y 30.000 voluntarios del Royal Observer Corps que proporcionaban actualizaciones en tiempo real sobre los movimientos de los aviones. La clave del sistema era el radar (Radio Detección y Rango), entonces llamado radiogoniometría (RDF). El radar constaba de torres construidas a lo largo de la costa sur y sureste de Inglaterra, y algunas también estaban ubicadas tierra adentro.

Había tres tipos: veinte estaciones Chain Home (CH) que podían detectar aeronaves a una distancia de hasta ciento sesenta kilómetros), treinta estaciones Chain Home Low (CHL) que detectaban aeronaves por debajo de trescientos metros y veinticuatro unidades de radares móviles MB2. El radar permitió al cuartel general de la RAF saber dónde y cuándo estaba atacando la Luftwaffe. Estas torres de radar resultaron difíciles de bombardear y relativamente fáciles de reparar, pero la Luftwaffe nunca lanzó un ataque concentrado contra estas estructuras vitales.

La información será remitida al cuartel general del mando de cazas de la RAF situado en las afueras de Londres. Allí será evaluada y en caso de avisar de un ataque aéreo inminente, será transmitida a la sala de operaciones del mando de cazas. Los controladores alertarán entonces a los aeródromos de la RAF más cercanos que mandarán desplegar el número necesario de aviones de combate.

El 13 de agosto es nombrado como el "Adler dag" día del águila, para iniciar su asalto principal. Su intención es destruir cazas de la RAF en pleno vuelo aeródromos y fábricas de aviones británicas. El día anterior se efectúan ataques de debilitamiento que se centran en los aeródromos y estaciones de radar a lo largo de la costa sur. Una estación situada en la isla de White es inutilizada y unas cuantas más resultaron seriamente dañadas pero continúan funcionando.

Göring no considera que los radares desempeñen un papel significativo en la batalla lo cual es un grave error. El día del águila amanece nublado, de manera que el asalto principal se pospone hasta el atardecer. Cuando éste se produce los radares transmiten numerosas alertas. Con todo, la mayoría de aeródromos de la RAF ubicados en el sur son bombardeados, pero al final del día ninguno de ellos ha dejado de funcionar. La Luftwaffe pierde cuarenta y seis aviones y Gran Bretaña únicamente trece.

La Luftwaffe lanza el mayor ataque de toda la batalla el día 15 de agosto. Enjambres de bombarderos alemanes fuertemente escoltados se dirigen hacia los aeródromos de la RAF. Ese día la RAF se ve tan sobrecargada que algunos pilotos efectúan hasta siete salidas y, cuando los bombardeos remiten, unos noventa aviones alemanes y cuarenta y dos cazas británicos han sido derribados.

La batalla prosigue con idéntica ferocidad durante unos pocos días, ambos bandos están cada vez más agotados. Dowding intenta relevar sus pilotos para que puedan descansar, pero la realidad es que no dispone de hombres suficientes, muchos han sido enviados a combatir con tan solo 10 horas de prácticas de vuelo. Pero la Luftwaffe también sufre.
Sus pilotos están sorprendidos y cada vez más desmoralizados por la capacidad de resistencia de los británicos que parecen estar esperándolos continuamente.

Al cabo de doce días seguidos de combate, las bajas británicas casi se equiparan a las alemanas. La Fuerza Aérea británica está próxima a venirse abajo y, para dar otra vuelta de tuerca, Göring comienza a usar sus bombarderos para atacar también de noche.
Pero esa decisión tiene una consecuencia inesperada. En la noche del 24 de agosto una escuadrilla de bombarderos Heinkel pierde el rumbo, y bombardea la ciudad de Londres, es el primer ataque a un objetivo no militar.

A la noche siguiente más de ochenta bombarderos británicos responden bombardeando Berlín. Hitler está enfurecido y exige severas represalias, y éstas tienen lugar el 7 de septiembre al anochecer. Bombarderos alemanes atacan las calles de Londres y sus alrededores. Más de cuatrocientas cincuenta personas mueren, y miles de hogares son destruidos
De hecho este ha sido el segundo error crucial de Göring, al abandonar los ataques a los aeródromos de la RAF, justo cuando éstos estaban a punto de claudicar. Göring ofrece el respiro que necesitaba la RAF, de haber continuado atacando los aeródromos la no habría podido seguir defendiendo su espacio aéreo.

Así, el 15 de septiembre, los radares británicos detectan otro ataque a gran escala contra Londres. La primera oleada de cien bombarderos y cuatrocientos cazas es interceptada. Intensos combates ensordecen los cielos desde la costa hacia tierra adentro. Por la tarde una nueva flota compuesta quinientos bombarderos reemprende los ataques.

Justamente Winston Churchill se encuentra ese día en el cuartel general del mando de cazas. Al escuchar que los controladores piden refuerzos a otros grupos de los alrededores les pregunta con qué otras reservas contaban, y la respuesta fue que con ninguna. Pero es evidente que la Luftwaffe ha fracasado en su intento de controlar el aire, y el 17 de septiembre Hitler pospone la operación León Marino. Pero la batalla de Gran Bretaña no ha terminado, simplemente ha amainado.

Pronto Hitler ensayó una nueva táctica. El 5 de octubre los bombardeos aéreos diurnos cesan, y los alemanes se centran en atacar ciudades británicas durante la noche qué es lo que se conoce como el "Blitz". Londres es bombardeado noche tras noche hasta el 12 de noviembre. El 10 de noviembre el centro de la ciudad de Coventry es destruido por completo. El Blitz continúa hasta 1941. El último gran ataque sobre Londres tiene lugar durante la noche del 10 de mayo.

Más de cincuenta mil civiles han perdido la vida durante el Blitz, pero Gran Bretaña no ha sido doblegada. La victoria en la batalla de Gran Bretaña es un momento de gran alivio nacional. A ella han contribuido pilotos llegados de todo el imperio para unirse a la RAF y también de países ocupados por los nazis como Polonia y Checoslovaquia. Churchill resume así la gratitud de la nación: "Nunca tantos le han debido tanto a tan pocos…"

Pero para Hitler no ha sido más que un enojoso contratiempo. Está convencido de que Gran Bretaña nunca será una amenaza real, por eso fija ahora su mirada en el este de Europa. Y para Gran Bretaña es la oportunidad de reconstruirse con miras a plantear batalla al enemigo algún día, pero para eso Churchill necesitará ayuda.

El Nuevo Mundo al rescate del Viejo

En 1940 Estados Unidos ya se ha recuperado de la Gran Depresión y su economía de nuevo está en auge. Dispone de inmensas reservas de mano de obra y de una capacidad industrial sin parangón, pero el pueblo de Estados Unidos se opone tajantemente a verse involucrado en una nueva guerra en Europa. En julio de 1940 una encuesta revela que solo un ocho por ciento estaría dispuesto a sumarse a la guerra.

Sin por ello inmutarse, Churchill no deja de presionar al presidente Franklin Delano Roosevelt. Este admira profundamente a Churchill por su inequívoco posicionamiento antinazi, y los dos comparten un mismo interés por los asuntos navales. Roosevelt fue subsecretario de la Marina estadounidense en 1917 al acceder a la presidencia.
Roosevelt mantiene contacto regular con Churchill y los dos comienzan a intercambiar correspondencia. Churchill firma como "un ex marino".

Vista su imagen paternal y afable Roosevelt no es tan ingenuo como para descartar que la agresión alemana pueda arrastrar a su país a la guerra algún día. En consecuencia inicia la ardua tarea de concienciar a la opinión pública norteamericana.

En julio de 1940 consigue la aprobación de un proyecto de ampliación a gran escala de la marina estadounidense, que prevé la construcción de seis grandes acorazados y de un nuevo modelo de portaaviones.
Al mes siguiente el Congreso acuerda que la Guardia Nacional y otras reservas sean llamadas para prestar un año de servicio activo, y en septiembre se aprueba una importante ampliación de los ciento cincuenta mil efectivos del ejército americano, con un número ilimitado de reclutas escogidos por sorteo,

Ese mismo mes Roosevelt anuncia un acuerdo según el cual Estados Unidos suministrará a Gran Bretaña cincuenta destructores de la Primera Guerra Mundial a cambio de noventa y nueve años de arriendo de bases militares en Terranova y el Caribe. La Marina Real Británica urgida por la necesidad de conseguir más escoltas para hacer frente a los submarinos, se hace cargo de los barcos a los pocos días de haber firmado el acuerdo.

Pero la más clara señal de que Roosevelt comienza a ganarse a la opinión pública se revela tras las elecciones presidenciales de 1940, cuando derrota ampliamente a su oponente aislacionista por veintisiete millones de votos contra veintidós millones de votos. A finales de ese año se dirige al pueblo americano para exponer las cuatro libertades que considera que están en juego, y que Gran Bretaña lucha por conservar. Libertad de expresión y de religión y libertad frente a la miseria y el miedo a fin de preservar esas libertades Estados Unidos habrá de convertirse en el arsenal de las democracias. En otras palabras, habrá de armar a los británicos.

Alentado por su éxito electoral en enero de 1941 Roosevelt presenta su llamada "Acta de Préstamo y Arriendo". Estados Unidos suministrará armas y material de guerra a Gran Bretaña, y a China que continúa luchando a la desesperada contra los invasores japoneses.
El pago se efectuará a largo plazo

En abril de 1941 se siente lo suficientemente respaldado como para dar un nuevo paso para ayudar a Gran Bretaña en el mar. Extiende la zona de seguridad Panamericana el área dentro de la cual los buques de guerra americanos protegerán a los barcos mercantes de Estados Unidos en mayo las tropas de Estados Unidos establecen sus bases en Groenlandia y en julio los marinos norteamericanos son enviados a Islandia para reemplazar a la guarnición británica destinada allí para privar a los alemanes de sus puertos

La marina estadounidense comienza también a suministrar un número limitado de convoyes de escolta en especial para los barcos de Estados Unidos que transportan material de préstamo y arriendo

Hitler dicta instrucciones estrictas a su submarinistas de no hundir ningún barco americano para no forzar a Estados Unidos a entrar en guerra pero inevitablemente se producen conflictos el 17 de noviembre el destructor estadounidense Carney recibe el impacto de un torpedo durante una misión de convoy frente a las costas de Islandia el comandante del submarino alega que ha sido un accidente que ha abierto fuego contra un barco británico y el Carney se ha cruzado en el camino, pero 11 marineros americanos han perdido la vida y el destructor ha regresado al puerto de Reikiavik a duras penas

Hay protestas y la prensa norteamericana se muestra indignada aun así la opinión pública del país sigue decididamente opuesta a sumarse a la guerra unas semanas. Más tarde a finales de 1941 la situación cambiará por completo en un solo día pero de momento Gran Bretaña deberá combatir sola y por fortuna dispone de un arma asombrosa en sus manos.

Bletchley

Su aspecto es el de cualquier otra mansión rural inglesa acaso un tanto descuidada pero Bletchley Park alberga el que en su día fue un secreto que influyó significativamente en el desarrollo de la Segunda Guerra mundial, porque fue allí donde los británicos averiguaron cómo descifrar la mayoría de códigos secretos alemanes.

Desde mediados de los años 30 todos los ejércitos y departamentos de inteligencia alemanes utilizan una máquina estándar para cifrar sus mensajes la máquina de cifrar e más conocida como "enigma". Funciona con una pila y sus mensajes en clave se transmiten en código Morse para ser descodificados por una segunda máquina enigma en la terminal de recepción.
El elemento fundamental de la máquina lo componen tres rotores capaces de incrementar el mensaje de manera que solo pueda ser descifrado por otra máquina con las mismas posiciones.

Esos rotores pueden reemplazarse y ajustarse de un modo distinto. Como resultado, cada carta mecanografiada puede aparecer en ciento cincuenta millones de formas. Dado el número, que es casi infinito de posiciones, no es de extrañar que los alemanes estén convencidos de que el enigma es indescifrable.

Rosinsky y Zigarski son los polacos quienes dan los primeros pasos para resolver tan desconcertante rompecabezas conocen la existencia de la máquina enigma y reúnen un equipo de eminentes matemáticos para intentar descifrar sus códigos. Pero no pueden descifrar mensajes sin conocer el cableado interno de los rotores. La solución es facilitada por el servicio de inteligencia francés, que envía a los aliados polacos material reunido por un espía en el departamento de cifrado del Ejército alemán.

Entre este material hay un manual de funcionamiento del enigma, y gracias a él los polacos son capaces de reconstruir una máquina enigma y de emprender la laboriosa descodificación de mensajes. Mas cuando Polonia cae en poder de los alemanes los criptógrafos polacos destruyen cualquier prueba de sus trabajos sobre el enigma algunos son capturados y torturados pero ninguno revela qué se han traído entre manos.

Los trabajos son asumidos ahora por los británicos en la escuela gubernamental de codificación y cifrado de Bletchley Park, cerca de Londres. Su director es el comandante Alistair Denison, que recluta un abigarrado grupo formado por matemáticos maestros de ajedrez y expertos en crucigramas para proseguir con las tareas de descifrado y entre estos expertos se encuentra a Allan Turing, un profesor de Cambridge.

Turing

La historia de Alan Turing, figura icónica en la informática y en el desarrollo de la teoría computacional, está profundamente imbricada en el contexto económico del siglo XX, aunque a menudo su influencia en este ámbito se pase por alto. Si bien Turing es más conocido por sus aportes a la criptografía y la creación de lo que hoy conocemos como la "máquina de Turing", su trabajo también tuvo repercusiones económicas profundas, al sentar las bases para la revolución digital y, por tanto, transformar la economía global.

Para comprender el impacto económico de Alan Turing, primero hay que situarlo en el contexto de la Segunda Guerra Mundial, una contienda no solo militar, sino también profundamente económica. Las guerras modernas no son solo enfrentamientos de soldados en el campo de batalla, sino también batallas industriales, tecnológicas y financieras. En esta arena, Turing jugó un papel crucial.
Cuando Turing se unió a Bletchley Park, el centro neurálgico británico dedicado al desciframiento de códigos alemanes, el Tercer Reich ya había implementado el sistema de cifrado Enigma, que permitía a sus ejércitos enviar mensajes seguros a través de sus flotas y unidades militares. Descifrar esos mensajes significaba poder predecir movimientos estratégicos de los alemanes, lo que, en última instancia, tenía consecuencias económicas decisivas.

La economía de guerra es una danza de recursos: combustibles, alimentos, armas, logística. Poder anticipar los movimientos enemigos significaba, en muchos casos, evitar enormes pérdidas en materiales y recursos humanos. Gracias a la labor de Turing y su equipo, el Reino Unido pudo interceptar comunicaciones clave de los submarinos alemanes en el Atlántico, lo que permitió que los convoyes de suministros llegaran a su destino. Si los alemanes hubieran logrado cortar esas rutas, la economía británica, que dependía en gran parte del comercio transatlántico, se habría visto gravemente debilitada.

En términos estrictamente económicos, el trabajo de Turing en Bletchley Park tuvo un impacto incalculable en la eficiencia bélica y en la preservación de recursos. Según estimaciones modernas, el trabajo de Turing podría haber acortado la guerra en al menos dos años, salvando así millones de vidas y reduciendo los costos materiales del conflicto. Cada día que se alargaba la guerra suponía no solo la pérdida de vidas humanas, sino también un drenaje económico sin precedentes. Turing, al romper el código Enigma, fue responsable de uno de los mayores avances en la guerra económica del siglo XX.

Si bien su trabajo durante la guerra fue esencial, la verdadera revolución económica iniciada por Alan Turing vino después. En 1936, mucho antes de su colaboración en Bletchley Park, Turing ya había propuesto la idea de la "máquina de Turing", un concepto abstracto que sentaría las bases teóricas de lo que hoy llamamos ordenadores.
En términos económicos, la máquina de Turing es el antecesor de la economía digital moderna. Aunque en su época el concepto no fue inmediatamente comprendido o aplicado, con el tiempo se convirtió en la piedra angular del desarrollo de computadoras y sistemas de procesamiento de información. La era de la información, que hoy domina la economía global, tiene en Turing a uno de sus padres fundadores.

El concepto de la "máquina de Turing" es fundamentalmente simple pero revolucionario: una máquina que puede realizar cualquier cálculo si está programada correctamente. Este concepto abstracto se materializó en la creación de los primeros ordenadores programables, que transformaron sectores económicos enteros. Gracias a estos avances, la automatización, el procesamiento masivo de datos y la inteligencia artificial comenzaron a tomar forma.

El impacto económico de los ordenadores en el siglo XX y XXI es difícil de sobrestimar. Desde la automatización de procesos industriales hasta la creación de economías digitales basadas en la información, el trabajo de Turing ha permitido la creación de industrias enteras. Las empresas tecnológicas que hoy dominan el panorama económico global, como Google, Apple o Amazon, deben su existencia, en parte, a las ideas de Turing. Sus teorías sobre computación, aunque inicialmente vistas como abstracciones matemáticas, allanaron el camino para que estas compañías transformaran la economía global.

Otra dimensión del impacto de Turing en la economía es su influencia indirecta en el fenómeno de la globalización. A medida que la tecnología computacional evolucionaba, la interconexión de mercados y sociedades se aceleraba. Las innovaciones en computación permitieron la creación de redes globales de información y comunicación, impulsando un comercio más eficiente y globalizado.

Los mercados financieros, por ejemplo, comenzaron a depender de ordenadores para gestionar transacciones en tiempo real a nivel mundial. La informática hizo posible el nacimiento de la economía financiera moderna, donde miles de millones de dólares cambian de manos en fracciones de segundo gracias a algoritmos basados en los principios que Turing ayudó a definir. Esta aceleración de la economía global ha permitido un crecimiento sin precedentes, pero también ha generado nuevos desafíos, como la creciente desigualdad y la inestabilidad financiera.

Además, la capacidad de procesar grandes volúmenes de datos ha dado lugar a la inteligencia artificial (IA) y al análisis predictivo, tecnologías que están transformando sectores tan variados como la medicina, la agricultura y el transporte. Los algoritmos que hoy impulsan la economía digital, desde los motores de búsqueda hasta los sistemas de recomendación de plataformas de comercio electrónico, son herederos directos del trabajo pionero de Turing.

El legado de Turing es, en última instancia, una historia de cómo las ideas abstractas y las aplicaciones concretas pueden transformar no solo la ciencia, sino también la economía. La computación ha acelerado el crecimiento económico, creado nuevas industrias, y alterado las relaciones de poder entre naciones y corporaciones. Turing, con su aguda mente matemática y su intuición sobre el futuro de la tecnología, sembró las semillas de esta transformación global.

Sin embargo, es trágico que Turing nunca viviera para ver el verdadero alcance de su impacto. Tras la guerra, su vida personal fue marcada por la persecución debido a su homosexualidad, lo que finalmente lo llevó a su trágico suicidio en 1954. A pesar de su genialidad, fue víctima de los prejuicios de su tiempo, un recordatorio de cómo la sociedad puede desperdiciar a sus mejores mentes.

Hoy, décadas después de su muerte, el mundo sigue beneficiándose de sus ideas. La economía digital, la inteligencia artificial, y el propio concepto de computación tienen una deuda imperecedera con Alan Turing, el hombre que, sin pretenderlo, ayudó a cambiar el curso de la historia económica mundial.

En 1936 Turing describió la idea de una máquina computadora universal, un ingenio que según él, algún día podría resolver cualquier problema matemático. Turing aprovecha sus ideas para diseñar máquinas de descifrado conocidas como diosas de bronce.

El material en bruto para Bletchley procede del llamado servicio "Y" británico, una cadena de estaciones de escucha que captan y graban comunicaciones por radio alemanas. Los mensajes se introducen en las diosas de bronce de Bletchley, y les permutaciones se van sucediendo hasta que por fin se averigua la clave. Una vez descifrado el mensaje se traduce, se analiza, y se remite la autoridad pertinente

Desde el momento en que se convierte en primer ministro, y conoce el trabajo que se realiza en Bletchley Park, Winston Churchill es consciente de su vital importancia. Se refiere a la información procedente de Bletchley como su información ultra secreta y "Ultra" se convierte en su nombre en clave.

La distribución de mensajes ultra está estrictamente controlada. Los oficiales de alto rango únicamente tienen acceso a la información que afecta directamente a sus operaciones. La necesidad de mantener en secreto la fuente de las informaciones es tal, que Churchill insiste en que no se emprenderá ninguna acción basada en material procedente de ultra, a menos que se haya desarrollado un plan tapadera para convencer a los alemanes de que la información tiene que proceder de una fuente distinta.

Bletchley desempeña también un papel decisivo durante los preparativos de la batalla de Gran Bretaña. Proporciona una clara descripción de la orden de batalla de la Luftwaffe y de la estrategia global adoptada por su comandante Herman Göring.

La información convence al mariscal del aire y jefe del mando de cazas Hugh Doudey de que su táctica de dar salida a sus cazas poco a poco y no de forma masiva es la correcta, una táctica que se revelaría fundamental para mantener el escaso margen de victoria de la RAF.

En los próximos años, ultra y el trabajo de Bletchley Park se revelarán decisivos de cara al éxito de los aliados, pero mientras la batalla de Gran Bretaña y el Blitz arrecian, falta un largo camino hasta que ese momento llegue. Se siguen necesitando resultados inmediatos y a principios de 1941 cree que al menos ha encontrado una manera de conseguirlos.

Ya antes de que Francia se rindiera, Churchill buscaba maneras de contraatacar y de mantener viva la resistencia en los países que habían sido invadidos. Escribe entonces a sus jefes de Estado mayor solicitando la formación de fuerzas de asalto capaces de atacar las costas de la Europa ocupada. En unos pocos días se extiende un llamamiento para alistar voluntarios con miras a crear una fuerza de cinco mil hombres. Se denominan comandos, como eran conocidas las unidades de Boers a finales del siglo XIX, que combatieron durante tres años en Sudáfrica contra los británicos con fiereza.

Se forman diez unidades de comandos cada una, integrado por quinientos hombres y enseguida comienzan a ensayar ataques desde el mar. Una unidad es instruida para especializarse en paracaidismo y en el uso de planeadores de asalto, pronto integrarán la base del regimiento paracaidista autónomo. El almirante es Sir Roger Cage es nombrado jefe de operaciones combinadas, y Churchill le manda a organizar tres importantes asaltos tan pronto como cese la amenaza de una invasión británica.

Una de las primeras tareas de Cage consiste en desarrollar barcos que puedan desembarcar a sus nuevas tropas. A este efecto, los ferry que cruzan el canal de la Mancha se habilitan para transportar lanchas de desembarco, y el 4 de marzo de 1941 dos comandos y dos brigadas de demolición desembarcan en las islas Lofoten frente a la costa norte de Noruega. Su principal objetivo consiste en destruir las fábricas que transforma el aceite de pescado en glicerina para fabricar explosivos.
Los comandos se valen del factor sorpresa y desembarcan sin que se produzca un solo disparo.
Un pequeño acorazado alemán es ocupado, y rápidamente destruyen las fábricas y los depósitos de aceite de pescado. A continuación los comandos capturan a dieciséis colaboracionistas noruegos y hacen prisioneros a doscientos veinticinco alemanes antes de regresar sin una sola baja. También se llevan con ellos más de cien voluntarios noruegos, que se unirán a las unidades noruegas libres en Gran Bretaña.
El éxito del asalto a las Lofoten adquiere gran resonancia pública, y es una auténtica inyección de moral para los británicos.

Pero su resultado más importante es uno que no puede ser publicado, la captura de un juego de rotores para una máquina enigma. Aunque la máquina ha sido arrojada por la borda de la embarcación pesquera, la tripulación ha olvidado los recambios. Esto supondrá una gran ayuda para los criptógrafos de Bletchley Park de cara a descifrar los códigos navales alemanes.

Posteriormente, en diciembre de 1941, cuatro unidades de comandos desembarcan en el puerto noruego de Vaaxo y de inmediato se ven envueltas en un violento combate. La entrada a Vaaxo está cubierta por el islote de Maaloy, donde los alemanes han colocado su artillería. El
islote es invadido rápidamente pero los combates en Vaaxo son encarnizados y han de transcurrir varias horas hasta que la principal guarnición alemana es sometida.
Muy pronto los comandos hacen estallar varias fábricas y hunden ocho embarcaciones antes de retirarse.

Estos ataques convencen a Hitler de que tarde o temprano los británicos intentarán ocupar Noruega, por eso durante los cuatro años de guerra restantes mantendrá allí cerca de un cuarto de millón de soldados que podrían haber sido vitales en otros frentes.

Sin embargo pese a toda su eficacia las acciones de los comandos no bastan para frenar a los nazis. Churchill necesita encontrar otra manera de desgastarlos y decide centrarse en los movimientos de resistencia en los países ocupados con lo que en julio de 1940 se forma un Ejecutivo de operaciones especiales, el SOE que en palabras de Churchill tendrá que incendiar Europa. Sus objetivos consisten en incitar a sabotear el apoyo civil del enemigo reunir información y organizar fuerzas clandestinas para socavar las defensas alemanas.
El grueso de las actividades del SOE se concentra en Francia.

Pronto se reclutan agentes en Gran Bretaña para reconstruir y coordinar las redes de resistencia francesa, se adiestran también a operadores de radio y mensajeros para brindarle soporte. Uno de los problemas es cómo hacer llegar estos equipos al país, y para ello se prueban submarinos, lanchas de alta velocidad, y embarcaciones de pesca, pero las defensas costeras alemanas se revelan difíciles de penetrar.

La solución llegará desde el aire, en agosto de 1940 se organiza una unidad especial de la RAF, compuesta por bombarderos Whitney y Westland Lysander, de despegue y aterrizaje cortos. Espías y equipo de combate caen en paracaídas desde los bombarderos o son transportados y descargados por los Lysander. En las noches de Luna un número creciente de comités de recepción permanece a la espera. Va formándose una red de grupos de resistencia cada vez mayor, pero en todo momento son detectados por el sofisticado sistema de contraespionaje alemán

Este utiliza equipos radio goniométricos para localizar radios escondidas, y espías dobles infiltrados. El trabajo de los agentes del SOE y es altamente peligroso, y sus expectativas de vida son cortas. La más mínima falta de concentración puede delatarlos a la Gestapo, muchos de ellos son torturados y ejecutados, pero Churchill cree que vale la pena mantener viva la resistencia en los países ocupados hace que millones de personas confíen en que la liberación llegará algún día.

La British Broadcasting Corporation, la BBC, es también reclamada para levantar la moral de quienes viven bajo el dominio alemán, y emite noticias en todos los idiomas de los países ocupados. El castigo alemán por escuchar esos noticiarios es la muerte, pero la gente lo sintoniza a pesar de todo.
La BBC desempeña también un papel crucial transmitiendo mensajes cifrados a grupos de la resistencia, esto se realizan siempre después de las nueve de la noche.

La Unión Soviética

Para los pueblos de la Europa ocupada la posibilidad de liberación es tan solo un sueño distante, pero a mediados de 1941 de repente se hace más probable, porque Gran Bretaña ya no seguirá luchando sola contra el nazismo.

Gana un poderoso aliado, pero no se trata de América, a la que Churchill ha estado cortejando reiteradamente, se trata de la Unión Soviética.

La entrada de la Unión Soviética en la Segunda Guerra Mundial marcó un punto de inflexión tanto en la dinámica del conflicto como en la configuración de las alianzas internacionales. La participación soviética, después de la invasión alemana en junio de 1941 durante la Operación Barbarroja, transformó a la Unión Soviética de un actor inicialmente ambiguo en el conflicto en una potencia clave para la victoria de los Aliados. Su papel como aliada de Inglaterra, junto con Estados Unidos, consolidó el frente antifascista que derrotaría al Eje.

Antes de su entrada oficial en la guerra, la Unión Soviética había firmado el Pacto Ribbentrop- Molotov con Alemania en agosto de 1939. Este acuerdo de no agresión incluyó cláusulas secretas que dividían Europa del Este en zonas de influencia, lo que permitió la ocupación soviética de partes de Polonia, los Estados Bálticos y otras regiones. Aunque esta alianza inicial fue pragmática, generó tensiones y desconfianza entre la Unión Soviética y las democracias occidentales, como Inglaterra y Francia. Sin embargo, esta situación cambió radicalmente el 22 de junio de 1941, cuando Alemania rompió el pacto e invadió la Unión Soviética en una ofensiva masiva. Este acto obligó a la Unión Soviética a unirse al bando aliado y transformar su estrategia militar y política.

La Unión Soviética desempeñó un papel crucial en el frente oriental, que se convirtió en el teatro de operaciones más grande y sangriento de la Segunda Guerra Mundial. La magnitud de su contribución se refleja en las cifras: la Unión Soviética sufrió aproximadamente 27 millones de bajas, incluidas tanto militares como civiles, lo que representa una proporción significativa de las víctimas totales de la guerra. El Ejército Rojo libró algunas de las batallas más decisivas, como la batalla de Stalingrado (1942-1943) y la batalla de Kursk (1943), que marcaron el punto de inflexión en el frente oriental y contribuyeron a debilitar irreparablemente a las fuerzas alemanas. La defensa de Moscú en 1941 y la victoria en Stalingrado se consideran hitos que demostraron la capacidad de la Unión Soviética para resistir y revertir el avance alemán. Estas victorias no solo elevaron la moral de los Aliados, sino que también obligaron a Alemania a desviar recursos significativos del frente occidental, aliviando la presión sobre Inglaterra y otros aliados.

La alianza entre la Unión Soviética e Inglaterra fue pragmática y basada en la necesidad común de derrotar a Alemania. A pesar de diferencias ideológicas profundas, los líderes de ambas naciones, Winston Churchill y Joseph Stalin, lograron establecer una relación de trabajo efectiva. Inglaterra, junto con Estados Unidos a través del programa Lend-Lease, suministró armamento, vehículos, alimentos y otros recursos esenciales a la Unión Soviética. Estos envíos fueron cruciales para mantener la capacidad de combate del Ejército Rojo durante los momentos críticos de la guerra. Aunque las comunicaciones entre los aliados no siempre fueron fluidas, lograron coordinar operaciones clave, como la apertura del segundo frente en Europa Occidental con el desembarco en Normandía (1944). Esta acción fue el resultado de las demandas soviéticas de aliviar la presión en el frente oriental. Reuniones como la de Teherán (1943) y Yalta (1945) subrayaron la importancia de la colaboración entre Inglaterra y la Unión Soviética en la planificación del esfuerzo bélico y la configuración del orden mundial posterior a la guerra.

La contribución soviética no solo se limitó al frente militar, sino que también tuvo implicancias geopolíticas y estratégicas. La lucha en el frente oriental fue decisiva para agotar los recursos humanos, materiales y logísticos de Alemania. Se estima que alrededor del 80% de las bajas alemanas ocurrieron en este frente. Además, la participación de la Unión Soviética ayudó a consolidar un bloque amplio y diverso contra el fascismo, que incluyó a democracias occidentales y una potencia comunista. Finalmente, la alianza con Inglaterra y otros países aliados permitió a la Unión Soviética emerger como una de las dos superpotencias mundiales al final de la guerra, sentando las bases para la Guerra Fría.

A pesar de los logros compartidos, la relación entre la Unión Soviética e Inglaterra estuvo marcada por la desconfianza mutua. Churchill, conocido por su anticomunismo, se mostró reticente a cooperar plenamente con Stalin. Por su parte, el liderazgo soviético sospechaba que los aliados occidentales retrasaban la apertura de un segundo frente para debilitar a la Unión Soviética. Sin embargo, la necesidad compartida de derrotar a Alemania superó estas tensiones. La alianza anglo-soviética demostró que la cooperación entre sistemas políticos opuestos era posible en circunstancias extremas.

La entrada de la Unión Soviética en la Segunda Guerra Mundial y su alianza con Inglaterra fueron factores determinantes para la derrota del Eje. La participación soviética transformó la guerra en un conflicto verdaderamente global y cambió el curso de la historia. Aunque marcada por tensiones y diferencias ideológicas, la colaboración entre la Unión Soviética e Inglaterra subraya la capacidad de las naciones para unirse frente a amenazas comunes. Este período histórico también dejó lecciones importantes sobre la complejidad de las alianzas y el impacto de la diplomacia en tiempos de crisis global.

Las reuniones y acuerdos secretos entre Winston Churchill y Joseph Stalin durante la Segunda Guerra Mundial representaron momentos clave en la configuración de la estrategia aliada y la configuración del mundo posguerra. A pesar de las diferencias ideológicas y la desconfianza mutua, ambos líderes comprendieron la necesidad de colaborar para asegurar la derrota de la Alemania nazi. Estos encuentros, caracterizados por intensas negociaciones, intercambios francos y, en ocasiones, concesiones delicadas, sentaron las bases para la alianza entre Occidente y la Unión Soviética.

La primera reunión significativa entre Churchill y Stalin tuvo lugar en Moscú en agosto de 1942. En ese momento, la guerra estaba en un punto crítico: Alemania había lanzado la Operación Barbarroja contra la Unión Soviética, y

Stalin presionaba a los aliados occidentales para que abrieran un segundo frente en Europa Occidental. Churchill viajó a Moscú con el objetivo de reafirmar el compromiso británico con la causa aliada, aunque sin poder prometer una apertura inmediata del segundo frente, algo que generó tensiones con Stalin. Durante esta reunión, Stalin expresó su frustración de manera directa, acusando a los aliados occidentales de retrasar deliberadamente la ayuda a la Unión Soviética. Sin embargo, Churchill logró suavizar las tensiones al garantizar un aumento en los envíos de suministros militares a través del programa de Préstamo y Arriendo, y al enfatizar la necesidad de una colaboración a largo plazo.

Otro momento crucial ocurrió en la Conferencia de Teherán, celebrada en noviembre y diciembre de 1943. Este fue el primer encuentro entre los tres grandes líderes aliados: Churchill, Stalin y Franklin D. Roosevelt. Aunque Teherán es más conocido como un evento trilateral, también fue escenario de discusiones bilaterales entre Churchill y Stalin. Durante estas conversaciones, se abordaron cuestiones estratégicas como la planificación de la invasión aliada de Normandía (Operación Overlord) y el papel del frente oriental. Stalin aprovechó la oportunidad para reafirmar la importancia de abrir un segundo frente lo antes posible, mientras que Churchill buscó garantizar el apoyo soviético para las operaciones en el Mediterráneo y los Balcanes.

Uno de los acuerdos más controvertidos y secretos entre Churchill y Stalin tuvo lugar durante la Conferencia de Moscú en octubre de 1944, también conocida como la "Conferencia Tolstoi". En esta reunión, Churchill propuso un acuerdo informal sobre las esferas de influencia en Europa del Este y los Balcanes, conocido como el "acuerdo de los porcentajes". Según este pacto, se asignaría un porcentaje de influencia a cada potencia en países como Rumania, Grecia, Hungría, Bulgaria y Yugoslavia. Por ejemplo, la Unión Soviética tendría un 90% de influencia en Rumania, mientras que los británicos tendrían un 90% en Grecia. Este acuerdo, aunque pragmático, fue altamente controvertido porque implicaba una división de Europa basada en intereses de poder, sentando las bases para futuras tensiones durante la Guerra Fría. Aunque el pacto no fue formalizado, reflejó la disposición de ambos líderes a negociar sobre el futuro de Europa a puerta cerrada.

Las reuniones entre Churchill y Stalin también estuvieron marcadas por momentos de camaradería y simbolismo político. En algunos encuentros, Churchill utilizó su característico estilo oratorio para ganarse la confianza de Stalin, mientras que el líder soviético mostró una actitud calculadora y pragmática. Aunque sus interacciones estuvieron llenas de tensiones y desacuerdos, ambos líderes desarrollaron una relación de respeto mutuo basada en la comprensión de sus respectivos roles en la guerra.

En Yalta, en febrero de 1945, Churchill y Stalin volvieron a encontrarse, esta vez junto con Roosevelt, para discutir el orden mundial posguerra. Aunque Yalta es recordada por sus acuerdos colectivos, también incluyó discusiones bilaterales entre Churchill y Stalin sobre cuestiones específicas. Uno de los temas clave fue el futuro de Alemania, incluida su desmilitarización, desnazificación y división territorial. También se discutieron las fronteras de Polonia y la participación de la Unión Soviética en la guerra contra Japón. Aunque Churchill expresó preocupaciones sobre la influencia soviética en Europa del Este, Stalin aseguró que se respetaría la soberanía de los países liberados, una promesa que posteriormente sería cuestionada en el contexto de la Guerra Fría.

Detrás de cada reunión y acuerdo secreto, existía un trasfondo de desconfianza. Churchill era consciente de las ambiciones de Stalin de expandir la influencia soviética, mientras que Stalin sospechaba que los aliados occidentales podían estar conspirando para debilitar a la Unión Soviética. Sin embargo, ambos líderes entendieron que la unidad era esencial para derrotar a Alemania. Este delicado equilibrio entre colaboración y competencia definió sus interacciones durante toda la guerra.

El legado de las reuniones y acuerdos secretos entre Churchill y Stalin es complejo. Por un lado, demostraron que era posible una cooperación pragmática entre sistemas políticos opuestos en un momento de crisis global. Por otro lado, sembraron las semillas de futuras divisiones geopolíticas que definirían el mundo durante la segunda mitad del siglo XX. Estos encuentros no solo influenciaron el curso de la Segunda Guerra Mundial, sino que también moldearon el destino de Europa y del orden internacional en los años posteriores.

Agresivo Japón

La entrada de Japón en la Segunda Guerra Mundial fue el resultado de una combinación de ambiciones expansionistas, presiones económicas y tensiones geopolíticas acumuladas durante décadas. La historia de este proceso comienza mucho antes de 1941, con la visión imperial japonesa de convertirse en una potencia dominante en Asia Oriental y el Pacífico. Este objetivo se entrelazó con el contexto global de crisis económica, colonialismo y rivalidades internacionales que definieron el período de entreguerras.

Desde finales del siglo XIX, Japón había adoptado una política exterior agresiva para asegurar recursos naturales y mercados. La guerra ruso-japonesa de 1904-1905 consolidó a Japón como una potencia militar emergente, y su participación en la Primera Guerra Mundial le permitió expandir su influencia en el Pacífico, adquiriendo territorios que habían pertenecido a Alemania. Sin embargo, esta expansión también generó fricciones con potencias occidentales, especialmente con Estados Unidos y Gran Bretaña, que veían con recelo las ambiciones japonesas en la región.

La Gran Depresión de 1929 exacerbó las tensiones económicas y sociales en Japón. La dependencia del país de la importación de materias primas y la exportación de productos manufacturados lo hacía vulnerable a las fluctuaciones del mercado global. La caída de los mercados internacionales redujo drásticamente las exportaciones japonesas, lo que provocó un colapso económico interno. En este contexto, el ejército japonés, influenciado por ideologías ultranacionalistas, comenzó a ganar poder político, promoviendo una política de autarquía económica y expansión territorial como soluciones a los problemas del país. La teoría económica militar japonesa sostenía que el acceso a recursos naturales autónomos era fundamental para garantizar la seguridad nacional y el crecimiento económico sostenido.

En 1931, Japón invadió Manchuria, una región rica en recursos naturales como carbón, hierro y madera, estableciendo el estado títere de Manchukuo. Esta acción marcó el inicio de una política de agresión abierta en Asia, lo que llevó a la condena internacional y a la retirada de Japón de la Sociedad de Naciones en 1933. Desde una perspectiva económica, el control de Manchuria fue crucial para Japón, ya que le proporcionó una base industrial y recursos para sustentar su maquinaria militar y su economía en general. Además, Manchukuo se convirtió en un laboratorio para la industrialización dirigida por el estado, con inversiones masivas en infraestructura ferroviaria y energética.
En 1937, el conflicto escaló con la Segunda Guerra Sino-Japonesa, en la que las fuerzas japonesas invadieron amplias regiones de China, incluyendo la capital, Nankín, donde perpetraron una de las masacres más infames del conflicto. Desde una perspectiva económica, la guerra en China representó un intento de Japón por consolidar su acceso a mercados y recursos, especialmente alimentos, algodón y minerales.

Sin embargo, el conflicto también drenó los recursos financieros del país, generando una dependencia cada vez mayor de las importaciones de petróleo, caucho y otros materiales estratégicos.
Mientras tanto, las relaciones de Japón con Estados Unidos y otras potencias occidentales continuaron deteriorándose. En 1940, Japón firmó el Pacto Tripartito con Alemania e Italia, consolidando el Eje y alineándose con las potencias fascistas de Europa. Este acuerdo no solo buscaba disuadir la intervención de Estados Unidos en la guerra europea, sino también reforzar la posición de Japón en Asia y el Pacífico. Además, Japón avanzó en su "Esfera de Coprosperidad de la Gran Asia Oriental", una visión imperial que justificaba su expansión territorial como una liberación de Asia del colonialismo occidental, aunque en la práctica implicaba la dominación japonesa. Desde una óptica

económica, esta estrategia buscaba integrar las economías asiáticas bajo el liderazgo japonés, estableciendo una red de comercio y producción autosuficiente que reduciría su dependencia de Occidente.

El embargo de petróleo impuesto por Estados Unidos en 1941, junto con otras sanciones económicas, fue un punto de inflexión. Japón dependía en gran medida de las importaciones de petróleo para su maquinaria militar y su economía. El embargo se implementó en respuesta a la ocupación japonesa de Indochina, una región controlada por Francia que Japón consideraba estratégica para su acceso a recursos. Estas sanciones intensificaron la sensación de urgencia en el liderazgo japonés, que vio la expansión hacia el sureste asiático como la única solución viable. Con las reservas de petróleo disminuyendo rápidamente, Japón enfrentó un dilema: retirarse de sus conquistas y negociar con Occidente, lo que significaría un golpe a su prestigio nacional, o lanzar una campaña militar para asegurar nuevos recursos.

Conscientes de que un conflicto directo con Estados Unidos era inevitable, los líderes japoneses planificaron un ataque preventivo para debilitar la capacidad militar estadounidense en el Pacífico. Este plan se concretó con el ataque a Pearl Harbor el 7 de diciembre de 1941, una operación que buscaba destruir la flota del Pacífico de Estados Unidos y asegurar el dominio japonés en la región. Aunque el ataque logró infligir daños significativos, también galvanizó la opinión pública estadounidense y llevó a la declaración formal de guerra contra Japón, marcando la entrada de Estados Unidos en la Segunda Guerra Mundial.

El camino hacia Pearl Harbor fue el resultado de años de ambiciones imperiales, conflictos regionales y tensiones crecientes con las potencias occidentales. La decisión de atacar fue tanto una muestra de desesperación como de confianza en la capacidad militar japonesa, pero también subestimó la respuesta de Estados Unidos, alterando irrevocablemente el curso de la guerra. Desde una perspectiva económica, la campaña de Japón en el Pacífico fue un intento de resolver las presiones internas y externas mediante la conquista y el control de recursos vitales, pero sus límites estratégicos y logísticos pronto pondrían de manifiesto las debilidades inherentes de esta estrategia.

El ataque a Pearl Harbor, ocurrido el 7 de diciembre de 1941, marcó un punto de inflexión en la historia de la Segunda Guerra Mundial. Fue un acto cuidadosamente planificado y ejecutado por el Imperio del Japón bajo el liderazgo de figuras clave como el almirante Isoroku Yamamoto, comandante en jefe de la Flota Combinada japonesa, quien concibió la operación como un golpe preventivo para neutralizar la flota estadounidense del Pacífico. Este ataque buscaba garantizar la libertad de acción japonesa en el sudeste asiático y asegurar el acceso a recursos estratégicos vitales para su maquinaria militar.

La flota japonesa que participó en el ataque estaba compuesta por seis portaaviones: Akagi, Kaga, Sōryū, Hiryū, Shōkaku y Zuikaku, bajo el mando del vicealmirante Chuichi Nagumo. Estos portaaviones transportaban más de 350 aeronaves, incluyendo cazas Mitsubishi A6M "Zero", bombarderos en picado Aichi D3A "Val" y torpederos Nakajima B5N "Kate". La fuerza de ataque también incluía cruceros, destructores y submarinos para apoyo logístico y reconocimiento. El plan japonés, denominado "Operación Z", implicaba un ataque sorpresa al amanecer para maximizar la confusión y minimizar las defensas estadounidenses. La flota japonesa zarpó desde la bahía de Hitokappu, en las islas Kuriles, el 26 de noviembre de 1941, navegando en completo silencio radial para evitar su detección. Mientras tanto, diplomáticos japoneses en Washington llevaban a cabo negociaciones con el gobierno estadounidense, un movimiento que contribuyó a reforzar la sorpresa del ataque.

A las 6:00 a.m. del 7 de diciembre, la primera oleada de aviones despegó de los portaaviones japoneses. Esta oleada, liderada por el comandante Mitsuo Fuchida, incluía 183 aviones con el objetivo de atacar los aeródromos y los buques en el puerto. A las 7:55 a.m., Fuchida envió el código "Tora! Tora! Tora!", señalando que habían logrado la sorpresa total. Los principales objetivos estadounidenses eran los acorazados alineados en Pearl Harbor, comenzando por el USS Arizona, que explotó tras ser alcanzado por una bomba que penetró su depósito de municiones, matando a 1,177 tripulantes y convirtiéndose en el símbolo del ataque. El USS Oklahoma sufrió un destino similar al volcarse tras ser impactado por torpedos, causando la pérdida de 429 vidas. El USS West Virginia también fue severamente dañado por varios impactos de torpedos, aunque sería reflotado y reparado posteriormente. El USS California y el USS Nevada fueron otros blancos principales; este último intentó una valiente salida del puerto, pero fue obligado a varar para evitar hundirse.

El resto de la flota también fue golpeado duramente. El USS Maryland y el USS Tennessee, aunque menos dañados que otros, sufrieron impactos que los dejaron temporalmente fuera de servicio. En contraste, el USS Pennsylvania, que estaba en dique seco, escapó con daños menores comparado con sus contrapartes. Las fuerzas aéreas también enfrentaron un desastre, con los aviones estadounidenses alineados en los aeródromos de Hickam Field, Wheeler Field y Ford Island siendo destruidos en su mayoría mientras permanecían inmóviles en tierra.

A las 8:40 a.m., una segunda oleada de 171 aviones japoneses lanzó un ataque adicional. Aunque causó daños significativos, enfrentó una resistencia más organizada a medida que las defensas antiaéreas estadounidenses habían comenzado a responder. La coordinación entre los defensores mejoró rápidamente, y aunque las bajas japonesas fueron moderadas, la intensidad de la respuesta indicaba que la sorpresa inicial no podía sostenerse indefinidamente. El contraalmirante Husband E. Kimmel, comandante de la flota del Pacífico, se convirtió en una figura controvertida después del ataque, enfrentando severas críticas por la falta de preparación, pese a las advertencias de inteligencia que indicaban una amenaza inminente.

El ataque, que concluyó alrededor de las 10:00 a.m., dejó un saldo devastador. En total, se hundieron o dañaron 21 buques, incluidos ocho acorazados, mientras más de 300 aviones estadounidenses fueron destruidos o inutilizados. Las bajas humanas ascendieron a 2,403 muertos y 1,178 heridos. En comparación, las pérdidas japonesas fueron considerablemente menores: 29 aviones derribados, cinco submarinos hundidos y menos de 100 bajas.

Aunque tácticamente exitoso, el ataque tuvo consecuencias estratégicas que los planificadores japoneses no habían previsto. En lugar de desmoralizar a Estados Unidos, galvanizó a la opinión pública, consolidó el apoyo al esfuerzo bélico y aseguró la entrada de la nación en el conflicto global.

Esa mañana del 7 de diciembre de 1941 comenzó como cualquier otro día tranquilo de domingo en Washington, D.C. Sin embargo, para el presidente Franklin Delano Roosevelt, el curso de esa jornada cambiaría el destino de una nación entera. Cuando las primeras noticias del ataque a Pearl Harbor llegaron al Despacho Oval, un aire de incredulidad y consternación llenó la habitación. Roosevelt, conocido por su temple ante las crisis, recibió el primer informe con una mezcla de incredulidad y frialdad calculada. "Esto es real," dijo en voz baja, mientras sus asesores intentaban procesar la magnitud de lo ocurrido.

El ataque no solo había infligido daños devastadores a la flota del Pacífico; también había herido profundamente el corazón de una nación que había tratado de mantenerse al margen del conflicto global. Roosevelt, consciente del impacto psicológico de lo sucedido, supo inmediatamente que este acto de agresión no podría quedar sin respuesta. Ordenó a su equipo que reuniera toda la información disponible, mientras se preparaba para dirigirse al Congreso y, en un acto histórico, a todo el pueblo estadounidense.

La tarde de ese domingo, Roosevelt comenzó a redactar el discurso que pasaría a la historia como una de las declaraciones más memorables de un líder en tiempos de guerra. "El 7 de diciembre de 1941 —una fecha que vivirá en la infamia—, los Estados Unidos de América fueron atacados repentina y deliberadamente por fuerzas navales y aéreas del Imperio de Japón". Estas palabras, aunque sencillas, transmitían la gravedad del momento y el profundo sentido de traición que sentía la nación.

Mientras Roosevelt trabajaba en su discurso, el pueblo estadounidense comenzaba a asimilar las noticias del ataque. Los boletines de radio interrumpieron la programación habitual para informar de la devastación en Pearl Harbor. Imágenes y relatos de los sobrevivientes llegaron a través de los periódicos al día siguiente, mostrando los restos humeantes de los acorazados y las historias desgarradoras de quienes habían enfrentado el ataque. En pueblos y ciudades de todo el país, la incredulidad pronto se transformó en una mezcla de rabia y determinación.

La respuesta de Roosevelt al ataque no fue solo la de un líder decidido a proteger a su nación; también fue la de un estadista que comprendía el impacto histórico de sus acciones. La mañana del 8 de diciembre, frente a una sesión conjunta del Congreso y una nación en vilo, pronunció su discurso con una voz firme y un tono que no dejaba lugar a dudas sobre la gravedad del momento. Cuando declaró que Estados Unidos estaba en guerra con Japón, el Congreso respondió casi unánimemente, votando a favor de la declaración de guerra. Solo una voz, la de la congresista pacifista Jeannette Rankin, se alzó en contra, un recordatorio de que, incluso en los momentos más oscuros, la diversidad de opiniones es una de las fortalezas de la democracia estadounidense.

En las calles, la reacción del pueblo fue igualmente inmediata y apasionada. Voluntarios inundaron las oficinas de reclutamiento militar, muchos de ellos demasiado jóvenes para enlistarse legalmente. Los astilleros y fábricas de armamento, que hasta entonces habían funcionado a un ritmo de tiempos de paz, comenzaron a prepararse para una producción sin precedentes. En menos de 24 horas, la nación había pasado de un estado de relativa calma a una movilización total.

Roosevelt también comprendió que la guerra no solo se ganaría en los campos de batalla, sino también en los corazones y mentes de su pueblo. En sus charlas junto a la chimenea, transmitidas por radio a millones de hogares, habló directamente al pueblo estadounidense, explicando las razones para entrar en la guerra y asegurándoles que la victoria era posible. Estas transmisiones, llenas de empatía y confianza, ayudaron a unificar a una nación diversa en un momento de crisis.

Mientras tanto, en los altos mandos militares, se comenzaban a delinear los planes para responder al ataque. La Armada y el Ejército, aunque heridos por la pérdida de vidas y material en Pearl Harbor, comenzaron a reorganizarse con una rapidez sorprendente. Roosevelt trabajó estrechamente con sus asesores, incluyendo al general George C. Marshall y al almirante Ernest King, para asegurar que la respuesta de Estados Unidos fuera contundente y efectiva.

La indignación también se extendió a la comunidad internacional. Los aliados de Estados Unidos, incluyendo al Reino Unido y la Unión Soviética, expresaron su solidaridad, mientras que las naciones del Eje celebraron el golpe japonés como una victoria significativa. Sin embargo, incluso los estrategas japoneses comenzaron a darse cuenta de que habían despertado a un gigante dormido. La economía estadounidense, con su enorme capacidad industrial, comenzó a transformarse para satisfacer las demandas de la guerra, produciendo barcos, aviones, y municiones a un ritmo que eventualmente superaría al de cualquier otra nación involucrada en el conflicto.

Roosevelt, siempre consciente de la importancia de la opinión pública, también abordó la necesidad de justificar la entrada en guerra no solo como una respuesta al ataque, sino como una lucha moral contra la tiranía. En sus discursos posteriores, comenzó a enmarcar el conflicto como una batalla por las "Cuatro Libertades": la libertad de expresión, la libertad de culto, la libertad frente a la necesidad y la libertad frente al miedo. Este mensaje resonó profundamente en un pueblo que ahora veía la guerra como una causa noble, más allá de una simple venganza por el ataque a Pearl Harbor.

La guerra también trajo consigo sacrificios significativos. La introducción del racionamiento, el aumento de los impuestos y la movilización de millones de hombres y mujeres cambiaron la vida cotidiana de los estadounidenses de una manera que pocos habían experimentado antes. Las familias despedían a sus hijos, esposos y hermanos que partían al frente, mientras las mujeres ingresaban al mercado laboral en cifras récord, simbolizadas por la icónica imagen de "Rosie la Remachadora". Estas transformaciones no solo fortalecieron la economía de guerra, sino que también sentaron las bases para cambios sociales y económicos duraderos.

A medida que pasaban los meses, la narrativa del ataque a Pearl Harbor evolucionó. Lo que inicialmente fue visto como una tragedia también se convirtió en una fuente de inspiración. La frase "Remember Pearl Harbor" se convirtió en un grito de guerra que motivó a soldados y civiles por igual. Los sobrevivientes del ataque, muchos de ellos marcados física y emocionalmente, se convirtieron en héroes nacionales cuyos testimonios reforzaron el compromiso de la nación con la victoria.

El impacto del ataque también se sintió en las relaciones internacionales. Roosevelt, junto con el primer ministro británico Winston Churchill, comenzó a planificar estrategias conjuntas para enfrentar no solo a Japón, sino también a las potencias del Eje en Europa. La "Gran Alianza" que surgía de estas conversaciones sentaría las bases para una cooperación que eventualmente llevaría a la derrota del fascismo en ambas regiones.

La reacción de Roosevelt y del pueblo estadounidense al ataque a Pearl Harbor fue un ejemplo de cómo una nación puede unirse frente a la adversidad. En un momento de crisis, demostraron una notable capacidad de adaptación, resistencia y determinación. Aunque el costo fue alto, tanto en vidas como en recursos, Pearl Harbor sirvió como un recordatorio de la importancia de la unidad y la preparación. Bajo el liderazgo de Roosevelt, Estados Unidos no solo enfrentó la tormenta, sino que emergió de ella más fuerte y decidido a asegurar un futuro de paz y libertad para las generaciones venideras.

El rugido del Imperio japonés en el Pacífico comenzó como un trueno lejano, pero para fines de 1941, se había convertido en una tormenta implacable que azotaba a cada rincón del sudeste asiático y el Pacífico. La estrategia japonesa, trazada con frialdad y precisión, se basaba en conquistar vastas extensiones de territorio para asegurar los recursos naturales que tanto necesitaban, especialmente petróleo, caucho y minerales. Desde los primeros momentos de su ofensiva, el expansionismo japonés no solo fue una demostración de su poderío militar, sino también una tragedia colosal para las naciones y pueblos que cayeron bajo su dominio.

Tras el ataque a Pearl Harbor, Japón desplegó una serie de operaciones militares meticulosamente coordinadas que desataron el caos en el Pacífico. El general Tomoyuki Yamashita, apodado el "Tigre de Malasia", lideró con brillantez la campaña para capturar Malasia y Singapur, una región de vital importancia estratégica debido a sus abundantes recursos y su posición clave en las rutas comerciales. Con un ejército experimentado y bien equipado, Yamashita avanzó desde Tailandia hacia el sur, enfrentándose a las fuerzas británicas, australianas e indias.

Singapur, considerada hasta entonces una fortaleza inexpugnable, cayó de manera inesperada el 15 de febrero de 1942 tras una ofensiva relámpago. La superioridad aérea japonesa y el uso innovador de bicicletas para mover tropas rápidamente por la densa selva fueron factores clave en la victoria. El general británico Arthur Percival, superado y desmoralizado, se rindió con cerca de 80,000 hombres, la mayor capitulación de tropas aliadas en la historia. La caída de Singapur no solo fue un golpe devastador para el Imperio Británico, sino también una tragedia para los miles de soldados y civiles que quedaron atrapados en el caos. La población civil sufrió brutalidades inimaginables, con ejecuciones sumarias y actos de violencia que dejaron cicatrices indelebles.

Simultáneamente, Hong Kong, una joya estratégica en el extremo sur de China, fue atacada el mismo día que Pearl Harbor. Las fuerzas británicas y canadienses estacionadas en la colonia lucharon valientemente, pero estaban numérica y tecnológicamente superadas. Después de 17 días de intensa resistencia, el gobernador Mark Aitchison Young se vio obligado a rendirse el 25 de diciembre de 1941, en lo que sería conocido como "Navidad Negra". La ocupación japonesa trajo consigo una era de terror y privaciones. Los habitantes de Hong Kong enfrentaron ejecuciones públicas, torturas y una hambruna extendida que diezmó a la población.

Las Filipinas, bajo el mando conjunto del general estadounidense Douglas MacArthur y el general filipino Jonathan Wainwright, fueron otro objetivo crucial en la marea expansiva japonesa. El archipiélago, con su ubicación estratégica y bases militares vitales como Corregidor y Bataan, fue invadido poco después del ataque a Pearl Harbor. La ofensiva japonesa, liderada por el general Masaharu Homma, fue implacable. A pesar de una defensa heroica, las fuerzas estadounidenses y filipinas no pudieron resistir la abrumadora superioridad aérea y naval japonesa.

La resistencia en Bataan se convirtió en un símbolo de coraje frente a la adversidad. Durante meses, los soldados y civiles que defendían la península soportaron enfermedades, hambre y ataques constantes. Sin embargo, el 9 de abril de 1942, las fuerzas agotadas se vieron obligadas a rendirse. Lo que siguió fue una de las tragedias más brutales de la guerra: la Marcha de la Muerte de Bataan. Miles de prisioneros de guerra estadounidenses y filipinos fueron obligados a caminar más de 100 kilómetros bajo un calor abrasador, sin comida ni agua. Aquellos que caían eran ejecutados sumariamente, y las atrocidades cometidas durante la marcha dejaron una huella imborrable en la memoria colectiva.

Corregidor, la última resistencia organizada en las Filipinas, cayó el 6 de mayo de 1942. MacArthur, evacuado previamente a Australia por órdenes de Roosevelt, prometió: "Volveré". La caída de las Filipinas marcó el dominio japonés sobre gran parte del Pacífico occidental, consolidando un imperio que se extendía desde las Aleutianas hasta las fronteras de India y Australia.

El avance japonés no se limitó a estas conquistas. En la isla de Wake, un pequeño puesto avanzado estadounidense, los marines libraron una defensa feroz contra los invasores japoneses en diciembre de 1941. Aunque finalmente sucumbieron, su resistencia inspiró al pueblo estadounidense y demostró que los japoneses no eran invencibles. En Tailandia, Indonesia y Birmania, las fuerzas japonesas avanzaron rápidamente, enfrentándose a una combinación de tropas coloniales y guerrillas locales que intentaban frenar la marea invasora.

La estratagema japonesa se basó en la velocidad y la sorpresa, pero también en una crueldad despiadada que dejó a su paso una estela de destrucción. Las masacres, violaciones y trabajos forzados fueron comunes en los territorios ocupados, y las políticas de saqueo sistemático despojaron a las poblaciones locales de sus recursos esenciales. El "Gran Esfera de Coprosperidad de Asia Oriental", el lema bajo el cual Japón justificó su expansión pronto fue desenmascarado como una fachada para la explotación y el dominio imperialista.

Sin embargo, a medida que la maquinaria militar japonesa continuaba avanzando, también comenzaban a surgir las semillas de su eventual derrota. Los costos logísticos de mantener un imperio tan vasto, combinados con la creciente resistencia de los aliados, empezarían a erosionar las bases de su poder.

Pero en los primeros años de la guerra, el avance japonés por el Pacífico fue una tragedia monumental que demostró tanto la brutalidad del conflicto como la capacidad humana para resistir incluso en las circunstancias más desesperadas.

Barbarroja

El amanecer del 22 de junio de 1941 trajo consigo una traición monumental que sacudiría los cimientos del continente europeo. En las primeras horas de esa mañana, el más ambicioso y despiadado plan militar de Adolf Hitler, conocido como la Operación Barbarroja, se puso en marcha. Era una invasión sin precedentes de la Unión Soviética, diseñada no solo para conquistar territorios, sino para destruir por completo al estado comunista y reconfigurar el mapa de Europa bajo el dominio nazi. Pero para comprender la magnitud de esta ofensiva, es crucial explorar su preparación, los objetivos finales y su desgarrador desarrollo.

Desde el comienzo, la invasión a la Unión Soviética fue vista por Hitler como el paso fundamental para consolidar su ideología racista y expansionista. En su obra *Mein Kampf*, escrita mucho antes de su ascenso al poder, Hitler había expresado claramente su desprecio por el comunismo y su convicción de que Alemania necesitaba *Lebensraum* ("espacio vital") en el Este para garantizar su supervivencia. La conquista del vasto territorio soviético prometía no solo tierras para la colonización alemana, sino también acceso a recursos vitales, como el petróleo del Cáucaso, el trigo de Ucrania y los minerales del Ural.

Sin embargo, antes de lanzar su ofensiva, Hitler necesitaba asegurarse de que Alemania pudiera concentrar todas sus fuerzas en el frente oriental. Para ello, negoció el Pacto Molotov- Ribbentrop con la Unión Soviética en agosto de 1939, un acuerdo de no agresión que también incluía la división de Polonia y la asignación de esferas de influencia en Europa del Este. Este pacto proporcionó a Hitler el tiempo necesario para derrotar a Francia y neutralizar a Gran Bretaña en la primera etapa de la guerra, mientras Stalin confiaba en que el acuerdo le garantizaría seguridad frente a una agresión alemana.

La preparación para la Operación Barbarroja comenzó en serio a finales de 1940, después de que el Blitzkrieg en Europa Occidental dejara a Alemania como la fuerza dominante en el continente. El plan, diseñado por el Alto Mando Alemán (*Oberkommando der Wehrmacht*), dividía el frente oriental en tres grupos de ejército principales: el Grupo de Ejércitos Norte, encargado de capturar Leningrado; el Grupo de Ejércitos Centro, con el objetivo de avanzar hacia Moscú; y el Grupo de Ejércitos Sur, dirigido a apoderarse de Ucrania y sus ricos recursos.

En total, la operación involucró a más de tres millones de soldados alemanes, junto con contingentes de Italia, Rumanía, Hungría y Finlandia. Este inmenso ejército estaba respaldado por alrededor de 3,500 tanques, 7,000 piezas de artillería y casi 2,800 aviones, lo que la convertía en la mayor fuerza invasora de la historia. A pesar de la magnitud de la preparación, la subestimación de la capacidad de resistencia soviética y el desprecio hacia las dificultades logísticas en un territorio tan vasto sembrarían las semillas del eventual fracaso.

El objetivo final de Barbarroja iba más allá de la simple conquista territorial. Hitler pretendía erradicar el comunismo, destruir a los judíos y eslavos que consideraba "razas inferiores" y establecer un orden nuevo en el que los alemanes arios dominarían el Este como amos y colonos. El plan incluía también la explotación sistemática de los recursos naturales y la eliminación de millones de personas mediante hambrunas planificadas, ejecuciones y deportaciones.

Cuando las primeras tropas cruzaron la frontera soviética en la madrugada del 22 de junio, lo hicieron bajo el manto de la sorpresa total. Stalin, a pesar de las advertencias de sus servicios de inteligencia y de los aliados occidentales, se había negado a creer que Hitler rompería el pacto de no agresión. Los primeros días de la ofensiva fueron un triunfo abrumador para los alemanes. Las divisiones soviéticas en la frontera, mal organizadas y lideradas, fueron aplastadas en una serie de movimientos de cerco conocidos como *Kesselschlacht* (batallas de caldero). Ciudades enteras cayeron rápidamente, y miles de soldados soviéticos fueron hechos prisioneros o asesinados.

En el norte, el Grupo de Ejércitos Norte avanzó hacia Leningrado, donde comenzó un sitio que duraría casi 900 días y costaría la vida de millones de civiles. En el centro, el Grupo de Ejércitos Centro logró avances rápidos, capturando Minsk y Smolensk y acercándose peligrosamente a Moscú. En el sur, las fuerzas alemanas y rumanas ocuparon grandes extensiones de Ucrania, incluida Kiev, en una de las mayores victorias de cerco de la guerra.

Sin embargo, el avance rápido comenzó a ralentizarse a medida que el ejército alemán enfrentaba los inmensos retos logísticos de operar en un territorio tan vasto y hostil. Las carreteras eran escasas y mal mantenidas, y el suministro de combustible, municiones y alimentos se volvió cada vez más problemático. Además, la resistencia soviética, aunque desorganizada al principio, comenzó a endurecerse. Bajo el liderazgo de Stalin, que inicialmente quedó paralizado por la sorpresa, la Unión Soviética movilizó todos sus recursos en una guerra total para defender la "Madre Patria".

Una de las claves de la resistencia soviética fue el traslado de la industria militar hacia el este, lejos del alcance de los bombardeos alemanes. Factorías enteras fueron desmontadas y reubicadas en los Urales y Siberia, permitiendo a los soviéticos continuar produciendo tanques, aviones y armamento en cantidades que eventualmente superarían a las de Alemania. Además, la brutalidad de la ocupación alemana, caracterizada por masacres, ejecuciones masivas y la explotación despiadada de los recursos locales, alimentó un movimiento partisano que hostigó continuamente a las fuerzas alemanas.

El avance hacia Moscú, conocido como la Operación Tifón, se convirtió en una lucha titánica a medida que el invierno ruso comenzaba a establecerse. Las temperaturas descendieron drásticamente, y las tropas alemanas, mal equipadas para el invierno, sufrieron enormemente. Los soviéticos, liderados por el general Gueorgui Zhukov, lanzaron una contraofensiva en diciembre de 1941 que empujó a los alemanes de vuelta y salvó la capital. Fue la primera gran derrota del Tercer Reich en la guerra y marcó el inicio de un conflicto largo y sangriento que finalmente llevaría a la derrota de Alemania.

La Operación Barbarroja, concebida como una campaña relámpago para destruir a la Unión Soviética en pocos meses, se convirtió en un atolladero que desgastó al ejército alemán y cambió el curso de la Segunda Guerra Mundial. La magnitud de la tragedia humana y el impacto estratégico de esta operación no tienen paralelo en la historia, y sus efectos se sienten hasta el día de hoy.

La Batalla de Stalingrado, que se libró entre el 17 de julio de 1942 y el 2 de febrero de 1943, representa uno de los momentos más oscuros y decisivos de la Segunda Guerra Mundial. Fue una confrontación titánica que no solo marcó el punto de inflexión del conflicto en el frente oriental, sino que también simbolizó la resistencia de un pueblo ante un invasor implacable. Este relato busca explorar con detalle las circunstancias, la tragedia y la grandeza que rodearon esta epopeya histórica, así como el posterior avance soviético que selló el destino del Tercer Reich.

En el verano de 1942, Adolf Hitler, enfurecido por el fracaso en capturar Moscú durante el invierno anterior, redirigió sus esfuerzos hacia el sur de la Unión Soviética. Su objetivo principal era apoderarse de los ricos campos petrolíferos del Cáucaso, esenciales para alimentar la maquinaria bélica alemana, y destruir Stalingrado, una ciudad que llevaba el nombre de su mayor enemigo, Josif Stalin. Para Hitler, tomar Stalingrado no era solo un objetivo militar; era también una cuestión de prestigio y propaganda.

La ciudad, situada a orillas del río Volga, era un centro industrial clave y una arteria vital para el transporte de recursos hacia el interior de la Unión Soviética. Stalin, plenamente consciente de la importancia simbólica y estratégica de la ciudad, emitió la orden de que Stalingrado debía defenderse a toda costa. "Ni un paso atrás" se convirtió en el grito de guerra de los soldados soviéticos, respaldado por la famosa Orden N° 227, que amenazaba con severos castigos a aquellos que se retiraran sin autorización.

La ofensiva alemana, conocida como la Operación Azul, comenzó con éxito, avanzando rápidamente hacia el Volga y envolviendo a las fuerzas soviéticas en una serie de cerco devastadores. Sin embargo, a medida que las tropas alemanas se acercaban a Stalingrado, la resistencia soviética se endureció. Los combates en la ciudad se transformaron en una lucha brutal, caracterizada por enfrentamientos casa por casa y cuerpo a cuerpo. Las ruinas de fábricas, viviendas y edificios gubernamentales se convirtieron en campos de batalla mortales, donde cada metro de terreno se disputaba con una ferocidad implacable.

Los soldados alemanes, liderados por el general Friedrich Paulus y el 6º Ejército, encontraron una resistencia inesperada y obstinada.

La famosa Fábrica de Tractores de Stalingrado, la Fábrica de Barricadas y la Fábrica de Octubre Rojo se transformaron en fortalezas improvisadas, defendidas por trabajadores convertidos en combatientes y soldados del Ejército Rojo. Los francotiradores soviéticos, como Vasily Záitsev, sembraron el terror entre las filas alemanas, demostrando que incluso un solo hombre podía cambiar el curso de la batalla.

Mientras tanto, en los cielos, la Luftwaffe bombardeó la ciudad sin piedad, reduciendo gran parte de Stalingrado a escombros humeantes. Sin embargo, esto también jugó en contra de los alemanes, ya que las ruinas proporcionaban cobertura y puntos de emboscada para los defensores soviéticos. Los refuerzos soviéticos cruzaban el río Volga bajo un constante bombardeo, llevando suministros y hombres a una ciudad que se negaba a rendirse.

La llegada del invierno marcó un cambio decisivo en el curso de la batalla. Mientras los alemanes luchaban por mantener sus posiciones en una ciudad que se había convertido en un cementerio para miles de sus hombres, el alto mando soviético, liderado por el general Georgi Zhukov, preparaba una contraofensiva audaz. La Operación Urano, lanzada en noviembre de 1942, fue un golpe maestro de estrategia militar. En lugar de atacar directamente a las fuerzas alemanas atrincheradas en Stalingrado, los soviéticos concentraron sus esfuerzos en los flancos, defendidos por ejércitos rumanos y húngaros más débiles.

La ofensiva soviética fue un éxito rotundo. En pocos días, los ejércitos del Eje en los flancos colapsaron, y el 6º Ejército alemán quedó rodeado dentro de Stalingrado. Lo que había comenzado como una campaña de conquista se transformó en una lucha desesperada por la supervivencia. Hitler, en un acto de obstinación característico, prohibió cualquier intento de retirada, ordenando a Paulus que luchara hasta el último hombre.

Las condiciones dentro del cerco se volvieron infernales. Los soldados alemanes, enfrentados a temperaturas bajo cero, carecían de ropa adecuada, alimentos y municiones. Las enfermedades y el hambre cobraron un precio devastador, mientras que los bombardeos soviéticos continuos no daban tregua. La Luftwaffe intentó abastecer a las tropas sitiadas por aire, pero los esfuerzos fueron insuficientes y costosos.

El 31 de enero de 1943, Paulus, ahora ascendido a mariscal de campo, rindió al 6º Ejército. Fue la primera vez en la historia que un mariscal de campo alemán se rindió en combate, un hecho que sacudió al Tercer Reich. De los 300,000 soldados alemanes que habían comenzado la ofensiva, solo unos pocos miles sobrevivieron para regresar a Alemania después de la guerra.

La victoria soviética en Stalingrado marcó un giro irreversible en la guerra. No solo destruyó una de las fuerzas más poderosas de Hitler, sino que también demostró al mundo que el Ejército Rojo podía derrotar a la máquina de guerra alemana. La moral soviética se disparó, mientras que en Alemania, la derrota sembró dudas sobre la invencibilidad nazi.

Tras la batalla, el Ejército Rojo lanzó una serie de ofensivas que expulsaron a las fuerzas alemanas del territorio soviético. Ciudades como Kursk, Kiev y Sebastopol fueron liberadas en una marcha implacable hacia el oeste que culminó con la caída de Berlín en 1945. La batalla de Stalingrado no solo fue un punto de inflexión en la Segunda Guerra Mundial, sino también un testimonio del sacrificio y la determinación humana frente a la adversidad más abrumadora.

Torch

El desembarco de los Aliados en el norte de África, conocido como la Operación Torch, marcó un momento crucial en la Segunda Guerra Mundial. Este audaz plan, llevado a cabo entre el 8 y el 16 de noviembre de 1942, fue diseñado para abrir un nuevo frente contra las fuerzas del Eje, aliviar la presión sobre los soviéticos en el frente oriental y establecer una base de operaciones para futuras incursiones en Europa. Sin embargo, su ejecución estuvo plagada de incertidumbres, riesgos y tensiones políticas que revelaron la complejidad de la guerra moderna.

En el corazón de esta operación se encontraban los líderes aliados, entre ellos el presidente estadounidense Franklin D. Roosevelt, el primer ministro británico Winston Churchill y el general Dwight D. Eisenhower, quien fue designado comandante supremo de la misión. La estrategia combinaba una invasión anfibia en tres puntos clave: Casablanca, en Marruecos; Orán y Argel, en Argelia. Estas regiones estaban bajo control de la Francia de Vichy, el gobierno colaboracionista con el Tercer Reich, lo que añadía una capa de incertidumbre sobre cómo reaccionarían las fuerzas francesas locales ante la llegada de los Aliados.

La planificación de la Operación Torch no estuvo exenta de tensiones. Los británicos habían presionado por un desembarco en el norte de África como un medio para debilitar a las fuerzas del Eje en el Mediterráneo y proteger sus rutas de suministro hacia la India. Por otro lado, los estadounidenses, que deseaban una invasión directa de Europa, finalmente cedieron a las insistencias británicas, conscientes de que un fracaso en África podría comprometer la alianza.

En las primeras horas del 8 de noviembre de 1942, una flota aliada masiva comenzó a acercarse a las costas del norte de África. Más de 100,000 soldados británicos y estadounidenses, respaldados por una fuerza naval de 350 barcos, avanzaron hacia sus objetivos asignados. Cada desembarco enfrentaba desafíos únicos. En Casablanca, el general George S. Patton lideró a las tropas estadounidenses en su primer combate anfibio a gran escala. A pesar de la resistencia inicial de las fuerzas francesas de Vichy, Patton demostró una combinación de liderazgo firme y estrategia audaz que aseguró la captura del puerto crucial.

Mientras tanto, en Orán, las tropas estadounidenses enfrentaron una resistencia más decidida. Las fortificaciones costeras y las defensas francesas infligieron bajas considerables en las fuerzas de desembarco. Sin embargo, la determinación aliada y la superioridad numérica eventualmente inclinaron la balanza a su favor. En Argel, la situación era aún más compleja. Un movimiento de resistencia local, coordinado por simpatizantes aliados dentro de la Francia de Vichy, intentó facilitar la captura de la ciudad. Sin embargo, la operación fue mal sincronizada, lo que llevó a enfrentamientos caóticos antes de que los comandantes franceses locales finalmente aceptaran un alto el fuego.

En el trasfondo de estos desembarcos, se libraba una batalla diplomática igualmente intensa. El almirante François Darlan, un alto funcionario de la Francia de Vichy que se encontraba en Argel en ese momento, emergió como una figura clave. Su decisión de ordenar a las tropas francesas cesar el fuego fue instrumental para evitar un derramamiento de sangre aún mayor y garantizar el éxito de la operación. Sin embargo, esta colaboración con un representante de un régimen colaboracionista generó controversia tanto dentro como fuera de los Aliados.

El impacto inmediato de la Operación Torch fue significativo. Las fuerzas del Eje, lideradas por el mariscal de campo Erwin Rommel, se vieron obligadas a redirigir recursos valiosos para contrarrestar esta nueva amenaza. La combinación de los desembarcos aliados y la resistencia británica en El Alamein puso fin a la expansión alemana en el norte de África y marcó el comienzo de una serie de victorias que eventualmente expulsarían al Eje del continente africano.

Sin embargo, el costo humano de la Operación Torch fue alto. Las playas de desembarco se tiñeron de sangre mientras soldados de ambos bandos luchaban con valentía y determinación. Las historias de heroísmo individual y sacrificio colectivo se entrelazaron con la tragedia de vidas perdidas y comunidades devastadas. Al mismo tiempo, la operación reveló las tensiones inherentes a una coalición de aliados con objetivos y prioridades a menudo divergentes.

La campaña del norte de África, un teatro clave de la Segunda Guerra Mundial, abarcó desde las primeras ofensivas del Afrika Korps liderado por Erwin Rommel hasta la preparación del desembarco aliado en Sicilia. Fue un conflicto marcado por avances fulgurantes, reveses inesperados y una lucha encarnizada por el control de las rutas de suministro y los recursos estratégicos.

El panorama en el norte de África comenzó a cambiar drásticamente en 1941, cuando Adolf Hitler envió al Afrika Korps para auxiliar a las fuerzas italianas, que habían sufrido derrotas devastadoras frente al Octavo Ejército británico. Bajo el mando de Rommel, conocido como el "Zorro del Desierto" por su astucia y audacia, las tropas alemanas llevaron a cabo una serie de ofensivas que pusieron a las fuerzas británicas en una posición defensiva constante.

En marzo de 1941, Rommel lanzó su primera gran ofensiva, recuperando gran parte de Cirenaica y sitiando el puerto de Tobruk, una base vital para los británicos. Este sitio, que duraría más de ocho meses, se convirtió en un símbolo de resistencia para los Aliados. A pesar de los constantes ataques del Afrika Korps, la guarnición australiana que defendía Tobruk resistió heroicamente, retrasando los planes de Rommel y ganando un tiempo precioso para el Octavo Ejército.

A medida que la guerra avanzaba hacia 1942, Rommel renovó su ofensiva con una fuerza renovada. En junio, logró una victoria contundente en la batalla de Gazala, capturando Tobruk y avanzando hacia Egipto. La caída de Tobruk fue un golpe significativo para los Aliados, tanto desde el punto de vista estratégico como moral. Sin embargo, este éxito también puso de manifiesto los crecientes problemas logísticos del Afrika Korps, que dependía de líneas de suministro largas y vulnerables.

El punto culminante de la ofensiva alemana llegó en julio de 1942, cuando las fuerzas del Eje llegaron a El Alamein, a tan solo 100 kilómetros de Alejandría y el canal de Suez. Este punto crítico marcó el límite de su avance. Enfrentados a una defensa británica bien organizada, bajo el mando del general Claude Auchinleck, Rommel se vio incapaz de continuar su avance y comenzó a consolidar sus posiciones.

En este contexto, la llegada del general Bernard Montgomery al mando del Octavo Ejército marcó un punto de inflexión. Montgomery reorganizó las fuerzas aliadas, mejoró la moral de las tropas y aseguró un suministro constante de recursos. La batalla decisiva se libró en El Alamein en octubre de 1942. Tras intensos combates, las fuerzas de Montgomery lograron una victoria decisiva, obligando a Rommel a retroceder hacia el oeste. Este triunfo no solo detuvo la expansión alemana en África, sino que también proporcionó un impulso moral significativo a los Aliados.

Mientras tanto, los Aliados habían lanzado la Operación Torch en noviembre de 1942, un desembarco anfibio en Marruecos y Argelia que puso a las fuerzas del Eje en una posición aún más comprometida. La combinación de estas dos campañas forzó a Rommel a luchar en dos frentes: contra el Octavo Ejército británico en el este y contra las fuerzas estadounidenses y británicas que avanzaban desde el oeste.

La última fase de la campaña del norte de África se libró en Túnez, donde las fuerzas del Eje intentaron resistir el avance aliado. A pesar de los refuerzos enviados desde Europa, la superioridad numérica y material de los Aliados resultó abrumadora. En mayo de 1943, las últimas fuerzas del Eje en África se rindieron, marcando el fin de la campaña.

Con la victoria en África, los Aliados comenzaron a preparar su próxima gran operación: el desembarco en Sicilia, conocido como la Operación Husky. Este plan buscaba abrir un nuevo frente en Europa, liberar Italia y acelerar la derrota de Alemania. La experiencia adquirida en el norte de África fue fundamental para el éxito de esta operación, ya que proporcionó a los Aliados una base sólida desde la cual lanzar su invasión.

La campaña del norte de África fue un testimonio del valor y la resistencia de los soldados de ambos bandos, así como de la importancia de la estrategia y la logística en la guerra moderna. Fue un conflicto que no solo determinó el destino del Mediterráneo, sino que también sentó las bases para la eventual liberación de Europa del dominio nazi.

El desembarco aliado en Italia marcó una nueva fase en la Segunda Guerra Mundial, llevando la lucha directamente al corazón de Europa continental. Después de la victoria en el norte de África y el exitoso desembarco en Sicilia durante la Operación Husky, los Aliados se prepararon para invadir la península italiana con el objetivo de debilitar el poder del Eje y establecer una ruta directa hacia Alemania.

La Operación Avalanche, como se denominó el desembarco principal en Italia, comenzó el 3 de septiembre de 1943 con una maniobra preliminar conocida como la Operación Baytown. Las tropas británicas del Octavo Ejército cruzaron el estrecho de Messina desde Sicilia hacia Calabria, encontrando una resistencia limitada de las fuerzas italianas, que ya estaban desmoralizadas por las derrotas anteriores. Esta acción inicial sirvió para establecer una cabeza de playa y preparar el terreno para la ofensiva principal.

El 8 de septiembre de 1943, el gobierno italiano, liderado por el mariscal Pietro Badoglio tras la caída de Mussolini, anunció oficialmente un armisticio con los Aliados. Este giro en los acontecimientos creó una situación caótica dentro de Italia, ya que las tropas alemanas reaccionaron rápidamente para ocupar posiciones clave y desarmar a sus antiguos aliados. La capitulación italiana, aunque significativa, no puso fin a los combates en la península, ya que los alemanes, bajo el mando del mariscal de campo Albert Kesselring, estaban decididos a defender cada pulgada del territorio.

El 9 de septiembre de 1943, las fuerzas aliadas lanzaron el desembarco en Salerno, el componente principal de la Operación Avalanche. Este desembarco fue una de las operaciones anfibias más complejas de la guerra, con tropas británicas y estadounidenses enfrentándose a una feroz resistencia alemana. A pesar de los intensos bombardeos y las minas submarinas, las fuerzas aliadas lograron establecer una cabeza de playa, aunque a un alto costo en vidas. Las batallas alrededor de Salerno fueron particularmente brutales, con contraataques alemanes que amenazaron con expulsar a los Aliados al mar.

Mientras tanto, al norte, las tropas del Octavo Ejército británico avanzaban lentamente por la costa adriática, enfrentándose a una combinación de terreno montañoso y defensas bien preparadas. Los alemanes habían establecido una serie de líneas defensivas, la más famosa de las cuales era la Línea Gustav, que atravesaba la península de un lado a otro, bloqueando el avance aliado hacia Roma. La batalla por romper esta línea se convertiría en uno de los episodios más sangrientos de la campaña italiana.

Uno de los puntos focales de la Línea Gustav fue Montecassino, donde un antiguo monasterio benedictino se encontraba en una posición estratégica clave. Las fuerzas alemanas lo fortificaron, utilizando su ubicación elevada para controlar los movimientos aliados. Durante meses, los Aliados lanzaron repetidos asaltos en Montecassino, apoyados por intensos bombardeos aéreos y de artillería. Sin embargo, las defensas alemanas resistieron, causando enormes pérdidas entre las tropas aliadas.

Finalmente, en mayo de 1944, los Aliados lograron romper la Línea Gustav mediante una combinación de ataques coordinados en Montecassino y un desembarco anfibio en Anzio, al sur de Roma. Este desembarco, aunque inicialmente estancado, logró cortar las líneas de suministro alemanas y obligó a las tropas del Eje a retirarse. El 4 de junio de 1944, las fuerzas aliadas entraron en Roma, marcando un hito significativo en la campaña.

Sin embargo, la conquista de Roma no significó el fin de la lucha en Italia. Los alemanes se replegaron a una nueva línea defensiva, conocida como la Línea Gótica, al norte de Florencia. Esta línea, aunque menos formidable que la Línea Gustav, presentó un desafío significativo para los Aliados. Durante el verano y el otoño de 1944, las fuerzas aliadas avanzaron lentamente, enfrentándose a una combinación de clima adverso, terreno difícil y una resistencia alemana decidida.

La campaña italiana también estuvo marcada por el impacto en la población civil. Las ciudades y pueblos fueron devastados por los combates, y millones de italianos quedaron desplazados. Además, la resistencia italiana contra los ocupantes alemanes comenzó a crecer, con partisanos llevando a cabo operaciones de sabotaje y guerrilla que complicaron aún más la situación del Eje.

La lucha en Italia continuó hasta abril de 1945, cuando los Aliados lanzaron su ofensiva final contra la Línea Gótica. Este ataque, combinado con la creciente presión de los partisanos italianos y el colapso general del esfuerzo de guerra del Eje, llevó a la liberación de las principales ciudades del norte de Italia, incluida Milán. El 28 de abril de 1945, Benito Mussolini fue capturado y ejecutado por partisanos, marcando el fin del fascismo en Italia.
La campaña italiana fue una de las más largas y difíciles de la Segunda Guerra Mundial, pero también fue crucial para desviar recursos alemanes de otros frentes y preparar el camino para la invasión de Europa occidental. Fue una lucha que destacó la determinación y el sacrificio de los soldados aliados, así como la resiliencia del pueblo italiano en medio de la devastación.

Se da la vuelta

La reconquista del territorio soviético por parte del Ejército Rojo fue uno de los episodios más decisivos y cruentos de la Segunda Guerra Mundial. Este avance, que comenzó tras el punto de inflexión en la batalla de Stalingrado, marcó el principio del fin para las fuerzas alemanas en el frente oriental. Con una determinación inquebrantable, los soviéticos comenzaron una serie de ofensivas que no solo recuperarían su territorio perdido, sino que llevarían la guerra al corazón del Tercer Reich.

Después de la aplastante derrota alemana en Stalingrado a principios de 1943, el alto mando soviético, dirigido por Joseph Stalin y sus generales clave como Gueorgui Zhukov y Aleksandr Vasilevski, implementó una estrategia ofensiva coordinada. Las primeras etapas de esta campaña se centraron en liberar las ciudades y regiones más importantes ocupadas por los alemanes, comenzando con las llanuras del Don y el sur de Ucrania.

La ofensiva de invierno de 1943, conocida como la Operación Estrella, recuperó la ciudad de Járkov, aunque el avance inicial fue temporal debido a un contraataque liderado por el mariscal de campo Erich von Manstein. Sin embargo, los soviéticos aprendieron de sus errores y volvieron a concentrarse en la acumulación de tropas, armamento y suministros para preparar un asalto definitivo.

En julio de 1943, se libró la batalla de Kursk, una de las batallas más grandes y decisivas de la guerra. Fue un enfrentamiento titánico que involucró a cientos de miles de soldados y miles de tanques en un choque de proporciones apocalípticas. Los alemanes lanzaron la Operación Ciudadela con la esperanza de recuperar la iniciativa, pero los soviéticos, alertados por la inteligencia previa, prepararon elaboradas defensas que incluyeron vastos campos de minas y posiciones fortificadas. La batalla terminó con una derrota decisiva para los alemanes, que nunca volvieron a recuperar la iniciativa en el frente oriental. Kursk fue también un testimonio de la creciente capacidad industrial de la Unión Soviética, que produjo tanques T-34 y armamento en masa, superando a sus enemigos.

Con la victoria en Kursk, el camino estaba abierto para una serie de ofensivas que liberarían Ucrania y llevarían la lucha a Europa del Este. Las operaciones soviéticas en 1943 y 1944 incluyeron avances espectaculares a través del

Dniéper y el Dniéster, liberando ciudades clave como Kiev y Odesa. Estas victorias no solo golpearon duramente a la Wehrmacht, sino que también inspiraron a los pueblos ocupados por los alemanes a resistir y colaborar con el Ejército Rojo.

Uno de los momentos culminantes de la reconquista fue la Operación Bagration, lanzada en junio de 1944. Diseñada para coincidir con el desembarco aliado en Normandía, esta ofensiva fue un golpe devastador para el Grupo de Ejércitos Centro de la Wehrmacht. En cuestión de semanas, las fuerzas soviéticas destruyeron efectivamente gran parte de las tropas alemanas en Bielorrusia, liberaron Minsk y avanzaron hasta las fronteras de Polonia. La magnitud de la victoria soviética en Bagration fue tal que se considera una de las mayores derrotas militares en la historia alemana.

Mientras el Ejército Rojo avanzaba hacia el oeste, liberaba también una serie de ciudades y territorios emblemáticos que habían sufrido terribles atrocidades bajo la ocupación alemana. La liberación de Leningrado en enero de 1944 puso fin a un asedio de casi 900 días que había causado la muerte de cientos de miles de civiles. En Ucrania, el avance soviético descubrió los horrores de los campos de concentración y las masacres perpetradas por los ocupantes nazis.

El avance soviético también planteó desafíos logísticos colosales. El suministro de tropas y equipo a través de vastas extensiones de territorio devastado por la guerra requirió una organización excepcional y el apoyo continuo de la industria en el frente interno. Las fábricas soviéticas, muchas de ellas reubicadas en los Urales y Siberia al comienzo de la guerra, operaban las veinticuatro horas del día para producir armamento, municiones y vehículos. Esta capacidad industrial, respaldada por la ayuda del programa estadounidense de Préstamo y Arriendo proporcionó al Ejército Rojo los medios necesarios para mantener su avance.

A medida que las fuerzas soviéticas se acercaban a las fronteras de Alemania, la resistencia alemana se volvía más desesperada. Las batallas en Polonia, los

Estados Bálticos y Hungría fueron particularmente intensas, ya que los alemanes intentaron retrasar el avance soviético y ganar tiempo para reforzar sus defensas en el frente occidental. Sin embargo, la superioridad numérica y técnica del Ejército Rojo, junto con la coordinación con las fuerzas aliadas en el oeste, aseguraron que la máquina de guerra alemana estuviera constantemente bajo presión.

La culminación del avance soviético llegó con la batalla de Berlín en abril y mayo de 1945. Las fuerzas del mariscal Zhukov y del mariscal Kónev convergieron en la capital alemana, librando una de las batallas urbanas más feroces de la guerra. Aunque la batalla de Berlín marca el final simbólico de la guerra en Europa, la reconquista del territorio soviético fue mucho más que una simple victoria militar. Representó la resistencia de un pueblo que se negó a ser derrotado, así como un recordatorio de los sacrificios colosales realizados por millones de hombres y mujeres que lucharon para liberar su tierra de la ocupación extranjera y vengar las atrocidades cometidas por el enemigo.

Normandía

La preparación del desembarco de Normandía, conocido como el Día D, fue una de las operaciones militares más complejas y meticulosas de la historia. Este esfuerzo colosal, llevado a cabo por los Aliados durante la Segunda Guerra Mundial, fue el resultado de años de planificación, engaño estratégico y acumulación de recursos. La invasión del norte de Francia, programada para el 6 de junio de 1944, buscaba abrir un segundo frente contra las fuerzas alemanas y acelerar el fin del conflicto en Europa.

El plan, denominado Operación Overlord, comenzó a gestarse a finales de 1942, cuando los líderes aliados acordaron en la Conferencia de Casablanca la necesidad de una invasión anfibia en Europa occidental. Entre los principales arquitectos de la operación se encontraban el general Dwight D. Eisenhower, comandante supremo aliado, y el general Bernard Montgomery, comandante del 21er Grupo de Ejércitos. Ambos jugaron roles clave en la coordinación de las fuerzas británicas, estadounidenses, canadienses y de otras naciones aliadas.

Una de las tareas más desafiantes fue elegir el lugar del desembarco. Tras considerar varias opciones, los Aliados decidieron que las playas de Normandía eran ideales debido a su proximidad a Inglaterra, sus defensas menos densas en comparación con el Pas de Calais y su acceso a rutas estratégicas hacia el interior de Francia. El éxito de la operación dependía de mantener en secreto el lugar y la fecha del ataque. Para lograr esto, los Aliados llevaron a cabo una elaborada campaña de desinformación conocida como Operación Fortitude. Este plan incluía la creación de un ejército ficticio bajo el mando del general George S. Patton, con base en el sureste de Inglaterra, para convencer a los alemanes de que el ataque principal ocurriría en el Pas de Calais.

La acumulación de tropas, equipo y suministros también fue un esfuerzo monumental. Durante meses, los puertos del sur de Inglaterra se llenaron de soldados, vehículos y barcos. Los Aliados reunieron más de 156,000 soldados para el desembarco inicial, apoyados por miles de vehículos, 5,000 barcos y casi 11,000 aviones. La fabricación de equipos especializados, como los tanques anfibios Sherman "DD" y los puertos artificiales Mulberry, reflejó la innovación y la adaptabilidad de los planificadores aliados.

La coordinación aérea y naval también fue esencial para el éxito de Overlord. La Fuerza Aérea Aliada llevó a cabo bombardeos masivos contra las defensas alemanas, mientras que la Marina se preparó para proporcionar apoyo de fuego durante el desembarco. Los bombardeos previos a la invasión se centraron en destruir puentes, ferrocarriles y otras infraestructuras clave para dificultar la respuesta alemana.

Mientras tanto, las fuerzas alemanas bajo el mando del mariscal de campo Erwin Rommel trabajaban para fortalecer el llamado Muro Atlántico, una serie de fortificaciones a lo largo de la costa europea. Sin embargo, la falta de recursos y la dispersión de las fuerzas alemanas limitaron la efectividad de estas defensas. Además, las diferencias entre Rommel y sus superiores, incluido Adolf Hitler, sobre cómo responder a un ataque anfibio complicaron aún más la preparación alemana.

En los días previos al desembarco, las condiciones meteorológicas jugaron un papel crucial. El 5 de junio de 1944, fuertes tormentas obligaron a posponer la operación. Sin embargo, los meteorólogos aliados predijeron una breve ventana de buen tiempo para el 6 de junio, y Eisenhower tomó la difícil decisión de proceder con la invasión. Este momento de incertidumbre y tensión reflejó los riesgos inherentes a una operación de esta magnitud.

La madrugada del 6 de junio de 1944, miles de soldados aliados abordaron barcos y aviones para dirigirse a las playas de Normandía. El asalto comenzó con paracaidistas de la 82.ª y 101.ª Divisiones Aerotransportadas estadounidenses, así como de la 6.ª Aerotransportada británica, quienes aterrizaron tras las líneas enemigas para asegurar puentes y carreteras clave. Aunque muchos paracaidistas se desviaron de sus zonas de aterrizaje debido a las condiciones climáticas y el fuego antiaéreo, su valentía y determinación desestabilizaron las defensas alemanas.

A las primeras luces del día, las fuerzas principales comenzaron a desembarcar en cinco playas designadas con nombres códigos: Utah, Omaha, Gold, Juno y Sword. Cada playa presentaba desafíos únicos y niveles variables de resistencia enemiga. En Omaha, las fuerzas estadounidenses enfrentaron una feroz resistencia alemana y sufrieron numerosas bajas antes de asegurar la cabeza de playa. En contraste, las fuerzas británicas y canadienses en Gold, Juno y Sword encontraron menos resistencia y lograron avances rápidos.

El amanecer del 6 de junio de 1944 reveló una escena que quedaría grabada en la memoria colectiva como una de las gestas más audaces y sangrientas de la Segunda Guerra Mundial. Conocido como el Día D, el desembarco de Normandía fue un acto de valentía colectiva y determinación que marcó el inicio del fin del Tercer Reich. Más de 156,000 soldados aliados cruzaron el Canal de la Mancha en una misión que combinó una planificación meticulosa con un arrojo sin igual, enfrentando una feroz resistencia alemana y condiciones que pusieron a prueba los límites de la fortaleza humana.

Las playas de Normandía, divididas en cinco sectores códigos – Utah, Omaha, Gold, Juno y Sword –, se convirtieron en el escenario de un enfrentamiento que simbolizó la lucha entre la tiranía y la libertad. La operación comenzó en la oscuridad, cuando miles de paracaidistas de las divisiones aerotransportadas estadounidense, británica y canadiense aterrizaron tras las líneas enemigas. Sus objetivos eran vitales: tomar puentes, bloquear refuerzos alemanes y sembrar el caos en las defensas del Eje. Sin embargo, los fuertes vientos y el fuego antiaéreo dispersaron a muchos de ellos, dejando a grupos aislados que lucharon con tenacidad para cumplir sus misiones. Algunos de estos hombres, como los paracaidistas de la 101.ª División Aerotransportada en Sainte-Mère-Église, lograron asegurar posiciones clave que serían fundamentales para el avance aliado.

Mientras tanto, en alta mar, la flota aliada, compuesta por más de 5,000 barcos, se preparaba para el asalto anfibio. Acorazados, cruceros y destructores bombardearon las posiciones alemanas, intentando debilitar las fortificaciones del Muro Atlántico. Sin embargo, muchos búnkeres y nidos de ametralladoras resistieron el ataque, presentando un peligro mortal para las tropas que pronto desembarcarían.

En la playa Utah, las fuerzas estadounidenses tuvieron un comienzo relativamente afortunado. Gracias a un error de navegación, desembarcaron en un sector menos defendido. Bajo el mando del general Theodore Roosevelt Jr., las tropas improvisaron y avanzaron rápidamente tierra adentro, asegurando sus objetivos con menos bajas de las esperadas. La calma relativa de Utah contrastó con el infierno desatado en Omaha, donde las defensas alemanas, situadas en acantilados y protegidas por minas y alambradas, convirtieron el desembarco en un baño de sangre.

Omaha, apodada más tarde "la sangrienta Omaha", fue el sector más mortífero del Día D. Las primeras oleadas de tropas enfrentaron un fuego devastador de ametralladoras MG42, morteros y artillería. Las lanchas de desembarco, cargadas con soldados, se convirtieron en blancos fáciles, y muchos hombres fueron abatidos antes de siquiera tocar tierra. Aquellos que lograron desembarcar encontraron una playa sembrada de trampas explosivas y cuerpos, con escasa cobertura para protegerse. Sin embargo, en medio del caos, pequeños grupos de soldados liderados por oficiales valientes comenzaron a avanzar, utilizando granadas y lanzallamas para neutralizar las posiciones alemanas. La valentía de estos hombres, sumada al apoyo naval, permitió asegurar Omaha tras horas de combate encarnizado.

En Gold, Juno y Sword, las tropas británicas y canadienses enfrentaron desafíos similares, aunque con menor resistencia en comparación con Omaha. En Gold, los británicos, apoyados por tanques anfibios y artillería naval, lograron avanzar rápidamente hacia el interior. En Juno, los canadienses sufrieron fuertes bajas al principio, pero su determinación les permitió superar las defensas alemanas y unirse a las fuerzas británicas en Gold. En Sword, el avance fue igualmente exitoso, aunque enfrentaron una feroz contraofensiva alemana cerca de Caen, un objetivo clave que se convertiría en el centro de intensos combates en los días siguientes.

A medida que el día avanzaba, las playas de Normandía se transformaron en un caos organizado. Ingenieros aliados despejaron caminos a través de campos minados y levantaron puentes temporales, mientras los refuerzos continuaban desembarcando. Los médicos trabajaron incansablemente para atender a los heridos, muchos de los cuales habían sufrido heridas graves en las primeras oleadas. Las comunicaciones también jugaron un papel crucial, permitiendo a los comandantes coordinar el avance a pesar de las dificultades.

El sacrificio y la valentía de los soldados aliados finalmente dieron sus frutos. Para el final del día, las cabezas de playa estaban aseguradas, aunque a un costo tremendo. Más de 10,000 soldados aliados resultaron muertos, heridos o desaparecidos en combate. Sin embargo, su esfuerzo heroico marcó el comienzo de la liberación de Francia y el colapso eventual del Tercer Reich.

El Día D no fue solo una demostración de poder militar, sino también un testimonio de la resiliencia humana frente a la adversidad. Los hombres que lucharon y murieron en las playas de Normandía lo hicieron con la esperanza de un mundo libre de la opresión nazi. Su legado perdura como un recordatorio de que la libertad y la justicia a menudo exigen los mayores sacrificios.

Destino Tokio

El avance de los aliados en el Pacífico durante la Segunda Guerra Mundial marcó una transformación en el curso del conflicto, cuando las fuerzas estadounidenses, apoyadas por sus aliados, comenzaron a revertir el dominio japonés en la región. Este cambio no fue inmediato ni sencillo; fue el resultado de una combinación de avances tecnológicos, estrategias audaces y, sobre todo, sacrificios incalculables por parte de los soldados que lucharon en las traicioneras islas del Pacífico.

El punto de inflexión llegó con la batalla de Midway en junio de 1942. Este enfrentamiento decisivo fue un duelo de inteligencia y estrategia, donde los descifradores de códigos estadounidenses lograron anticipar el ataque japonés contra la base de Midway. Al almirante Chester W. Nimitz le correspondía la tarea de orquestar una respuesta con recursos limitados. Con cuatro portaaviones disponibles, incluyendo el dañado USS Yorktown, los estadounidenses se enfrentaron a una flota japonesa más grande y experimentada liderada por el almirante Isoroku Yamamoto.

La batalla fue feroz. Los pilotos estadounidenses lanzaron ataques desesperados contra la flota japonesa, enfrentándose a un muro de fuego antiaéreo. Pero el destino favoreció a los audaces: en un golpe devastador, los bombarderos en picado hundieron cuatro portaaviones japoneses – Akagi,

Kaga, Sōryū y Hiryū. Esta victoria debilitó irremediablemente a la Flota Combinada japonesa y marcó el principio de su declive.

Tras Midway, los aliados adoptaron una estrategia de "salto de islas" (island hopping), diseñada para capturar posiciones clave y aislar a las fuerzas japonesas en fortalezas menos relevantes. La campaña comenzó en Guadalcanal, una isla en las Islas Salomón, donde los marines estadounidenses desembarcaron en agosto de 1942. Guadalcanal se convirtió en un campo de batalla brutal, con combates cuerpo a cuerpo en la densa jungla y ataques constantes de refuerzos japoneses. La resistencia fue encarnizada, pero la determinación estadounidense prevaleció, y en febrero de 1943, los japoneses se retiraron, marcando su primera gran derrota terrestre.

A medida que las fuerzas aliadas avanzaban hacia el oeste, las batallas se intensificaron en complejidad y ferocidad. En noviembre de 1943, la batalla de Tarawa demostró los retos de asaltar atolones fuertemente fortificados. A pesar de la devastadora preparación artillera, los defensores japoneses resistieron ferozmente, y las tropas estadounidenses enfrentaron una lluvia de fuego desde búnkeres y trincheras. La victoria se logró a un costo elevado, pero proporcionó lecciones valiosas para futuras operaciones.

En 1944, las fuerzas estadounidenses lanzaron ofensivas decisivas en las Islas Marshall y las Marianas. Las batallas en Saipán, Tinian y Guam permitieron a los aliados establecer bases desde las cuales bombarderos B-29 podrían atacar las principales ciudades japonesas. Estas campañas también resultaron en la devastadora derrota japonesa en el Mar de Filipinas, conocida como "el Gran Tiroteo de Pavos", donde la aviación naval japonesa sufrió pérdidas irrecuperables.

El avance hacia Filipinas, liderado por el general Douglas MacArthur, fue un hito simbólico y estratégico. MacArthur había prometido regresar tras su evacuación en 1942, y en octubre de 1944, cumplió su palabra con el desembarco en Leyte. La batalla del Golfo de Leyte, el enfrentamiento naval más grande de la historia aseguró el control aliado de las aguas circundantes y marcó el fin efectivo de la Armada Imperial Japonesa como fuerza combativa.

El combate en Filipinas fue implacable. Ciudades enteras, como Manila, fueron devastadas en brutales enfrentamientos urbanos, mientras los soldados japoneses, siguiendo el código del bushido, luchaban hasta el último hombre. Sin embargo, el avance aliado continuó inexorablemente, desgastando las defensas japonesas y liberando vastos territorios.

La campaña final hacia el corazón del Imperio del Sol Naciente se centró en las islas de Iwo Jima y Okinawa. Iwo Jima, con su icónico Monte Suribachi, fue escenario de una de las batallas más sangrientas de la guerra. Los marines estadounidenses enfrentaron una resistencia obstinada, con los defensores japoneses atrincherados en una compleja red de túneles y búnkeres. La imagen de la bandera estadounidense izada sobre Suribachi se convirtió en un símbolo de sacrificio y victoria, aunque la isla costó la vida de miles de soldados.

Okinawa, conocida como la "puerta de entrada a Japón", fue la última gran batalla del Pacífico. La lucha, que se prolongó durante tres meses en 1945, fue un recordatorio sombrío del costo humano de la guerra. Las fuerzas aliadas enfrentaron kamikazes, ataques suicidas y una defensa encarnizada, mientras que la población civil sufrió terriblemente en medio del caos. La victoria en Okinawa allanó el camino para la invasión del Japón, pero también destacó la magnitud de las bajas que tal empresa implicaría.

La estrategia aliada combinó avances militares con una creciente presión económica y psicológica. Los bombardeos masivos, como los incendios en Tokio y otras ciudades, devastaron la infraestructura japonesa y minaron la moral. Al mismo tiempo, el bloqueo naval sofocó el suministro de recursos, dejando al Japón al borde del colapso.

El avance estadounidense en el Pacífico fue un testimonio de determinación y sacrificio. Cada isla tomada, cada batalla librada, acercó a los aliados un paso más hacia la victoria final, a un costo humano inmenso. La guerra en el Pacífico no solo fue un enfrentamiento de ejércitos, sino también una lucha por la supervivencia y la redención en una de las épocas más oscuras de la humanidad.

Se cierra la soga

El estrangulamiento del Tercer Reich, un proceso que culminó en la caída de la Alemania nazi, fue un esfuerzo coordinado y brutal llevado a cabo por los Aliados en dos frentes principales: el avance soviético desde el este y el empuje angloestadounidense desde el oeste. Este apretón implacable no solo destruyó las capacidades militares alemanas, sino que también sofocó la moral de una nación que una vez soñó con el dominio mundial.

En el este, el avance soviético comenzó a tomar forma tras la victoria en Stalingrado. Bajo el liderazgo del mariscal Georgy Zhukov y otros comandantes clave, el Ejército Rojo transformó la defensa en ofensiva. En 1944, la Operación Bagration, una de las mayores ofensivas de la guerra, arrasó con el Grupo de Ejércitos Centro de la Wehrmacht. Desde Bielorrusia hasta Polonia, los ejércitos soviéticos empujaron inexorablemente hacia el corazón del Reich, dejando a su paso una estela de destrucción y liberación.

Mientras tanto, en el oeste, los desembarcos en Normandía en junio de 1944 marcaron el inicio de la segunda pinza que terminaría por asfixiar a Alemania. Los ejércitos aliados, liderados por figuras como Dwight D. Eisenhower, Bernard Montgomery y Omar Bradley, avanzaron a través de Francia tras la liberación de París en agosto de 1944. A medida que el frente occidental avanzaba hacia el Rin, las ciudades alemanas comenzaron a sentir la presencia de una guerra que ya no podía ser ganada.

La coordinación entre ambos frentes fue esencial, aunque no siempre exenta de tensiones. La Conferencia de Yalta en febrero de 1945 representó un intento de los líderes aliados – Roosevelt, Churchill y Stalin – de definir el destino de

Europa tras la guerra. A pesar de sus diferencias ideológicas y estratégicas, compartían un objetivo común: la destrucción del nazismo.

En el este, el avance soviético alcanzó su clímax con la Batalla de Berlín en abril y mayo de 1945. El asedio a la capital alemana fue un enfrentamiento feroz y sangriento, donde las fuerzas soviéticas, compuestas por millones de soldados, enfrentaron una resistencia desesperada. Las calles de Berlín se convirtieron en campos de batalla, y el Reichstag se transformó en el símbolo de la victoria final cuando la bandera roja ondeó sobre su cúpula.

Mientras tanto, desde el oeste, los ejércitos aliados cruzaron el Rin en marzo de 1945. Las ciudades alemanas, devastadas por los bombardeos y agotadas por el esfuerzo bélico, sucumbieron una tras otra. La captura de Colonia, Frankfurt y finalmente Nuremberg representó la quiebra del poderío nazi. En el sur, el avance aliado también aseguró la liberación de Austria, mientras que las tropas francesas recuperaban territorio perdido.

El estrangulamiento del Reich no solo fue militar, sino también logístico y psicológico. La superioridad aérea aliada garantizó que las líneas de suministro alemanas fueran interrumpidas continuamente, dejando a las tropas y ciudades sin los recursos necesarios para resistir. La moral alemana se desplomó a medida que los bombardeos masivos devastaban las ciudades, y la propaganda nazi ya no podía ocultar la realidad de una derrota inminente.

El final llegó rápidamente. En abril de 1945, Adolf Hitler se encerró en su búnker en Berlín, donde finalmente se suicidó el 30 de abril. Poco después, el 7 de mayo, Alemania firmó la rendición incondicional en Reims, seguida por una segunda ceremonia en Berlín el 8 de mayo para satisfacer a los soviéticos.

El estrangulamiento del Tercer Reich fue un proceso de destrucción total, una venganza implacable contra un régimen que había llevado al mundo al borde del abismo. Fue también un recordatorio sombrío del costo humano de la guerra, con millones de vidas perdidas en ambos bandos y un continente devastado que necesitaría generaciones para recuperarse.

Las Ardenas de nuevo

La contraofensiva alemana en las Ardenas, conocida como la Batalla de las Ardenas o la última gran ofensiva de Hitler, marcó el último intento desesperado del Tercer Reich por cambiar el curso de la guerra en el frente occidental. A finales de 1944, mientras los ejércitos aliados avanzaban hacia el corazón de Alemania y el frente oriental colapsaba bajo el peso del Ejército Rojo, Adolf Hitler concibió un plan audaz y temerario: lanzar un ataque sorpresa a través de las densamente boscosas Ardenas, una región que ya había sido escenario de batalla al comienzo de la guerra.

El objetivo principal de la ofensiva era dividir a las fuerzas aliadas, capturar el vital puerto de Amberes y forzar a los Aliados occidentales a negociar una paz por separado. Esto permitiría a Hitler concentrar todos sus recursos en el frente oriental contra los soviéticos. Aunque el plan fue considerado arriesgado por algunos altos mandos alemanes, como el mariscal de campo Gerd von Rundstedt, Hitler estaba convencido de su éxito.

El 16 de diciembre de 1944, bajo la cobertura de una intensa niebla invernal que inmovilizó a la aviación aliada, más de 200,000 soldados alemanes, apoyados por 1,000 tanques y vehículos blindados, lanzaron su ataque. La sorpresa fue total. El frente aliado, defendido principalmente por unidades estadounidenses fatigadas y con poca experiencia, fue golpeado con una ferocidad implacable. Las tropas alemanas avanzaron rápidamente, creando un saliente profundo en las líneas aliadas que dio nombre a la batalla.

Entre las unidades alemanas destacó el 6.º Ejército Panzer, liderado por el experimentado comandante Sepp Dietrich, y la temida División Panzer SS Leibstandarte Adolf Hitler. Estas fuerzas tenían la tarea de abrirse paso hacia el río Mosa y asegurar puentes clave para permitir el avance hacia Amberes. Sin embargo, la falta de combustible y las duras condiciones climáticas comenzaron a pasar factura a las tropas alemanas.

Por parte de los Aliados, la reacción inicial fue de caos y confusión. Las comunicaciones interrumpidas y el mal tiempo dificultaron una respuesta coordinada. Sin embargo, la resistencia se cristalizó en puntos clave como Bastogne, una ciudad estratégica que fue rodeada por las fuerzas alemanas. Los defensores estadounidenses, liderados por el general Anthony McAuliffe de la 101.ª División Aerotransportada, rechazaron una demanda de rendición alemana.

El heroísmo demostrado en Bastogne se convirtió en un símbolo de la determinación aliada. Mientras tanto, el general George S. Patton, al mando del Tercer Ejército de los Estados Unidos, realizó una maniobra magistral, girando sus fuerzas hacia el norte en condiciones invernales extremas para aliviar la presión sobre Bastogne. Esta acción fue crucial para frenar el avance alemán.

A medida que el tiempo despejaba, la superioridad aérea aliada comenzó a marcar la diferencia. Los aviones aliados atacaron las columnas alemanas, destruyendo tanques y líneas de suministro ya debilitadas. El impulso alemán se desmoronó gradualmente, y para finales de enero de 1945, la ofensiva había sido contenida y el saliente eliminado.

La Batalla de las Ardenas tuvo un costo humano y material enorme. Las bajas aliadas ascendieron a más de 80,000, incluyendo muertos, heridos y desaparecidos. Por su parte, las fuerzas alemanas perdieron alrededor de 100,000 hombres, además de numerosos tanques y aviones, recursos que no podían reemplazar. Fue una victoria estratégica para los Aliados, pero también una de las batallas más sangrientas para los estadounidenses en toda la guerra.

El fracaso de la ofensiva de las Ardenas selló el destino del Tercer Reich. Con sus reservas estratégicas agotadas y sus fuerzas debilitadas, Alemania ya no tenía la capacidad de resistir la ofensiva final de los Aliados. El sueño de Hitler de cambiar el curso de la guerra murió en los bosques nevados de las Ardenas, dejando a su ejército y su nación al borde del colapso.

El avance soviético hacia Berlín, entre 1944 y 1945, marcó el clímax de la guerra en el Frente Oriental y fue una campaña de proporciones titánicas que selló el destino del Tercer Reich. Desde las vastas llanuras de Ucrania hasta las puertas de la capital alemana, el Ejército Rojo atravesó territorios devastados por el conflicto, enfrentándose a la feroz resistencia de un enemigo acorralado pero desesperado por sobrevivir. Este avance estuvo impregnado de tragedias humanas y momentos de heroísmo épico, a medida que los soldados soviéticos liberaban ciudades, cruzaban ríos y destruían las fortificaciones alemanas con una determinación implacable.

Tras el colapso del Grupo de Ejércitos Centro durante la Operación Bagration en el verano de 1944, el Ejército Rojo logró recuperar gran parte del territorio perdido durante los primeros días de la invasión alemana en 1941. La Operación Bagration fue un triunfo sin precedentes en la historia militar, resultando en la aniquilación de más de 30 divisiones alemanas y dejando a la Wehrmacht en una situación de retirada constante. Ciudades como Minsk, Vilna, Riga y otras cayeron en manos soviéticas, mientras los ejércitos alemanes, una vez invencibles, se retiraban en desorden. El colapso del Grupo de Ejércitos Centro no solo desmoralizó a las fuerzas alemanas, sino que también expuso la vulnerabilidad de los territorios orientales del Reich.

La caída de Varsovia en enero de 1945 simbolizó la determinación soviética de continuar su ofensiva hacia el corazón de Alemania. El Levantamiento de Varsovia, liderado por la resistencia polaca en 1944, había sido brutalmente aplastado por las fuerzas alemanas mientras el Ejército Rojo aguardaba al otro lado del Vístula. Aunque la decisión de no intervenir directamente en el levantamiento generó controversia y tensiones con los aliados occidentales, los soviéticos justificaron su inacción como una necesidad militar para reorganizar sus fuerzas antes de lanzar una ofensiva decisiva. Cuando finalmente avanzaron en enero de 1945, los restos de Varsovia eran un recordatorio sombrío de la devastación causada por la ocupación nazi.

A medida que el invierno de 1945 se intensificaba, los ejércitos soviéticos bajo el mando de mariscales como Georgi Zhukov y Konstantin Rokossovsky se concentraron en cruzar el río Vístula. La ofensiva del Vístula-Oder, lanzada el 12 de enero, fue una demostración monumental de poderío militar. Con más de dos millones de soldados, miles de tanques y una artillería que pareció convertir la tierra misma en fuego, las fuerzas soviéticas barrieron las defensas alemanas y avanzaron rápidamente a través de Polonia y Alemania oriental. Las ciudades de Cracovia y Breslavia, entre otras, se convirtieron en escenarios de intensos combates. Los tanques T-34, respaldados por infantería y aviones de ataque Il-2, demostraron ser una combinación letal contra las tropas alemanas.

La liberación de Auschwitz el 27 de enero de 1945 reveló al mundo las atrocidades del Holocausto. Los soldados soviéticos, endurecidos por años de guerra, quedaron atónitos ante el horror que encontraron en el campo de concentración. Miles de prisioneros desnutridos y enfermos fueron liberados, mientras que las historias de las cámaras de gas y los crematorios emergieron como evidencia irrefutable de los crímenes nazis. Esta revelación solo sirvió para reforzar su determinación de aplastar al Tercer Reich y llevar a los responsables ante la justicia.

Mientras tanto, el Grupo de Ejércitos Vistula, formado apresuradamente por los alemanes bajo el mando de Heinrich Himmler, intentó frenar el avance soviético. Sin embargo, la inexperiencia de Himmler y la superioridad numérica y técnica del Ejército Rojo hicieron que estos esfuerzos fueran en gran medida infructuosos. La batalla por Poznan y otras ciudades fortificadas retrasaron brevemente a los soviéticos, pero no pudieron detenerlos. La resistencia alemana se volvió más desesperada a medida que los soviéticos se acercaban al Oder, pero los recursos y las tropas necesarias para detenerlos eran insuficientes.

Una de las batallas más cruciales en este avance fue la captura de Königsberg, la capital de Prusia Oriental. Este bastión, defendido por tropas alemanas endurecidas, cayó tras semanas de feroces combates. El asedio de Königsberg fue una muestra de la brutalidad de la guerra en el Frente Oriental, con las fuerzas soviéticas utilizando artillería pesada y ataques aéreos para reducir la ciudad a escombros antes de asaltar sus defensas. La captura de Königsberg aseguró el control soviético sobre Prusia Oriental y abrió el camino hacia el corazón de Alemania.

A medida que las tropas soviéticas cruzaban el Oder, la moral entre las filas alemanas comenzó a desmoronarse. Muchos soldados alemanes, conscientes de la inevitabilidad de la derrota, desertaron o se rindieron. Sin embargo, otros continuaron luchando con una ferocidad desesperada, alimentada por la propaganda nazi que pintaba a los soviéticos como enemigos implacables. Las bajas entre los civiles alemanes también aumentaron, ya que los bombardeos y los combates urbanos se intensificaron.

Hacia abril de 1945, el Ejército Rojo había cruzado el Oder y se encontraba a las puertas de Berlín. La batalla final por la capital alemana fue una de las más sangrientas de la guerra. Zhukov y Rokossovsky dirigieron el asalto desde el este y el norte, mientras que el mariscal Ivan Konev avanzaba desde el sur. La artillería soviética bombardeó Berlín sin descanso, y las tropas avanzaron calle por calle, enfrentándose a una resistencia fanática de la Wehrmacht, las SS y los Volkssturm, formados por ancianos y adolescentes. Cada edificio se convirtió en una fortaleza, y cada cruce de calles se disputó con una ferocidad implacable.

El Reichstag, símbolo del poder nazi, se convirtió en el escenario de una feroz batalla. Soldados soviéticos izaron la bandera roja sobre el edificio el 30 de abril de 1945, un acto que simbolizó la caída del Tercer Reich. Para entonces, Adolf Hitler ya se había suicidado en su búnker, dejando a Alemania sin liderazgo y al borde de la capitulación. La noticia de la muerte de Hitler se propagó rápidamente, socavando la moral de las tropas alemanas y acelerando el colapso del frente.

El avance soviético hacia Berlín y su eventual captura marcó no solo el fin de la guerra en Europa, sino también el triunfo de la determinación y el sacrificio sobre la tiranía. La victoria, sin embargo, tuvo un costo enorme: millones de muertos, ciudades devastadas y un continente dividido. Pero para los soldados soviéticos que ondearon la bandera roja sobre Berlín, ese día representó el cumplimiento de una venganza largamente esperada y un paso hacia un nuevo orden mundial. Con la guerra en Europa terminada, el mundo se preparaba para enfrentar las complejidades de la posguerra y las tensiones que darían lugar a la Guerra Fría.

Wansee

El 20 de enero de 1942, en una villa ubicada en el suburbio berlinés de Wannsee, se llevó a cabo una reunión que marcaría uno de los episodios más oscuros de la humanidad: la Conferencia de Wannsee. Presidida por Reinhard Heydrich, jefe de la Oficina Central de Seguridad del Reich (RSHA) y una de las figuras más poderosas del Tercer Reich, esta reunión de altos funcionarios nazis consolidó los cimientos de lo que se conocería como la "Solución Final al problema judío". Este eufemismo frío y calculador escondía un plan sistemático para el exterminio de los judíos europeos.

El contexto histórico en el que se celebró esta reunión era crucial. Para 1942, Alemania se encontraba profundamente inmersa en la Segunda Guerra Mundial. Tras los avances iniciales que llevaron a la ocupación de gran parte de Europa, el conflicto comenzaba a estancarse, y las derrotas en frentes clave, como la campaña en la Unión Soviética, planteaban serios desafíos para el Tercer Reich. En este panorama, el liderazgo nazi, encabezado por Adolf Hitler, buscaba acelerar y coordinar los esfuerzos para eliminar a los judíos, a quienes culpaban de todos los males del mundo y, más concretamente, de las dificultades de Alemania.

La villa en Wannsee fue elegida el lugar para esta reunión secreta, no solo por su aislamiento y privacidad, sino también por el simbolismo de un entorno de lujo contrastante con el horror que se estaba planeando. A la reunión asistieron quince hombres, representantes de diversas instituciones del estado nazi, entre ellos Adolf Eichmann, jefe de la Sección IV B4 de la RSHA, quien sería el encargado de la implementación logística del plan. También participaron funcionarios de ministerios como el del Interior, Justicia y Asuntos Exteriores, lo que reflejaba el carácter burocrático y "formal" del genocidio planeado.

Reinhard Heydrich inició la conferencia explicando que la "Solución Final" ya había comenzado de manera fragmentada con la ejecución de judíos en el frente oriental a manos de los Einsatzgruppen, comandos móviles de exterminio. Sin embargo, la reunión buscaba coordinar y centralizar estos esfuerzos, asegurando que todas las agencias del estado trabajaran juntas para cumplir este objetivo genocida. Heydrich presentó un censo que estimaba la población judía de Europa en más de 11 millones de personas, incluyendo a los judíos de países neutrales y ocupados.

El plan presentado durante la conferencia era brutalmente claro. Los judíos serían deportados a campos de exterminio ubicados principalmente en la Polonia ocupada, donde serían asesinados sistemáticamente. Este proceso sería llevado a cabo utilizando cámaras de gas, un método que ya se había experimentado en programas de eutanasia forzada como la acción T4. En la reunión se discutieron detalles prácticos, como la logística de los transportes ferroviarios, la selección de campos y la administración de los recursos humanos necesarios para ejecutar el plan.
Uno de los aspectos más escalofriantes de la conferencia fue su tono administrativo y tecnocrático. Los participantes no discutieron la moralidad del genocidio; en lugar de ello, se centraron en aspectos técnicos y operativos, como si estuvieran planificando una simple reorganización industrial. Este enfoque deshumanizador reflejaba la mentalidad nazi, que veía a los judíos como un "problema" a resolver, una mercancía a desechar.

Adolf Eichmann, en su posterior juicio en Jerusalén, recordó cómo los asistentes parecían insensibles al horror de lo que estaban planeando. Según Eichmann, las discusiones fueron pragmáticas, incluso banales, lo que subraya la perversidad del proceso. Los documentos oficiales, en particular el protocolo de Wannsee, confirmaron esta impresión. Este protocolo, redactado por Eichmann, evitaba un lenguaje abiertamente violento, utilizando en su lugar términos burocráticos que disimulaban el terror que representaban.

El significado histórico de la conferencia de Wannsee es inmenso. Representó un punto de inflexión en el Holocausto, en el que el genocidio pasó de ser un conjunto de actos dispersos a una campaña sistemática y centralizada. También evidenció cómo una sociedad avanzada, con una burocracia compleja, podía ser instrumentalizada para llevar a cabo uno de los crímenes más atroces de la historia. Para comprender el impacto de la conferencia, es fundamental analizar también su contexto social y cultural. La propaganda nazi había deshumanizado a los judíos durante años, presentándolos como enemigos internos y externos responsables de todos los problemas de Alemania. Esta narrativa, combinada con un aparato estatal eficiente y una ideología fanática, facilitó la aceptación y ejecución del genocidio por parte de amplios sectores de la sociedad alemana.

Los efectos de la "Solución Final" fueron devastadores. En los meses y años que siguieron a la conferencia de Wannsee, millones de judíos fueron asesinados en campos de exterminio como Auschwitz-Birkenau, Treblinka, Sobibor y Belzec. La escala del Holocausto y la eficiencia con la que fue llevado a cabo conmocionaron al mundo cuando finalmente salieron a la luz tras la derrota de Alemania en 1945.

Es importante destacar que la conferencia de Wannsee también planteó preguntas fundamentales sobre la naturaleza humana y la responsabilidad moral. Los hombres que participaron en esta reunión no eran monstruos en el sentido clásico; eran burócratas, funcionarios y profesionales que operaban dentro de un sistema corrupto y deshumanizador. Su capacidad para cometer atrocidades con una frialdad calculada desafía nuestra comprensión de la ética y la moralidad.

El legado de la conferencia de Wannsee perdura como un recordatorio sombrío de cómo el odio, la propaganda y la indiferencia pueden converger para causar un sufrimiento indescriptible. Es un llamado a la vigilancia constante contra el antisemitismo y otras formas de discriminación, así como a la importancia de defender los derechos humanos y la dignidad en todo momento.

En la actualidad, la villa de Wannsee se ha transformado en un centro de documentación y memoria, dedicado a educar sobre el Holocausto y prevenir futuros genocidios. Este lugar, que una vez fue escenario de planes de exterminio, ahora sirve como un testimonio de la resistencia humana y la búsqueda de justicia y reconciliación. El recuerdo de lo que ocurrió en la conferencia de Wannsee sigue siendo una advertencia y una lección que el mundo no debe olvidar.

La conferencia de Wannsee, celebrada el 20 de enero de 1942 en una villa del suburbio berlinés que le dio su nombre, no solo marcó un punto de inflexión en la planificación del Holocausto, sino que también dejó un legado sombrío encapsulado en un documento que ha sobrevivido hasta nuestros días. Este único registro, conocido como el Protocolo de Wannsee, ofrece una visión aterradora y meticulosa de cómo los líderes nazis, liderados por Reinhard Heydrich, pretendían implementar la "Solución Final al problema judío".

El documento, redactado por Adolf Eichmann, describe en frío detalle los planes para coordinar la deportación y el exterminio de los judíos europeos. Se especificaba que once millones de judíos serían "evacuados hacia el Este" bajo el pretexto de reasentamiento, aunque el objetivo real era su aniquilación sistemática. La terminología utilizada en el protocolo es deliberadamente ambigua, con eufemismos como "tratamiento especial" para referirse a las ejecuciones masivas, un rasgo característico de la maquinaria burocrática del Tercer Reich.

El documento también detalla la división de competencias entre los diversos organismos nazis. Heydrich, en su rol de jefe de la Oficina Central de Seguridad del Reich (RSHA), se aseguró de que las SS tuvieran el control operativo, mientras que otros departamentos, como el Ministerio de Justicia, la Oficina de Planificación Económica y el Ministerio de Transportes, contribuirían con los recursos necesarios para la logística del genocidio.

En Polonia, donde ya existían guetos superpoblados, se intensificó la deportación de judíos hacia campos de exterminio como Auschwitz, Treblinka, Belzec, Sobibor, Chelmno y Majdanek. Estos lugares se convirtieron en la pieza central de la Solución Final, con instalaciones diseñadas específicamente para el asesinato en masa. Los trenes abarrotados de judíos, procedentes tanto de Polonia como de toda Europa, se dirigían sin descanso hacia estas fábricas de la muerte. El gas Zyklon B, inicialmente utilizado como desinfectante, se transformó en el principal medio para llevar a cabo los asesinatos en cámaras de gas.

En los Países Bajos, Francia, Bélgica y otros territorios ocupados en Europa occidental, las autoridades colaboracionistas desempeñaron un papel crucial en la identificación y detención de judíos. En Francia, el régimen de Vichy, bajo el liderazgo de Philippe Pétain y Pierre Laval, implementó leyes antisemitas incluso antes de la ocupación alemana completa. Miles de judíos fueron arrestados y detenidos en campos de internamiento como Drancy, antes de ser enviados a Auschwitz.

En los Balcanes, el proceso fue igualmente brutal. En Serbia y Croacia, las unidades locales de colaboración, como la Guardia Nacional Croata y la policía serbia, participaron activamente en las redadas y deportaciones. Las masacres a menudo se llevaban a cabo en fosas comunes, siguiendo el modelo de las operaciones de los Einsatzgruppen, los escuadrones de la muerte responsables de las matanzas masivas en la Unión Soviética y Europa del Este.

En la Unión Soviética ocupada, la Solución Final adoptó una forma especialmente directa. Los Einsatzgruppen, respaldados por unidades del ejército regular y la policía alemana, llevaron a cabo fusilamientos masivos en lugares como Babi Yar, donde más de 33,000 judíos fueron asesinados en solo dos días. Este método, aunque efectivo en términos de número de víctimas, se consideró psicológicamente oneroso para los perpetradores, lo que llevó al desarrollo de las cámaras de gas como alternativa.

En Alemania y Austria, la discriminación legal y social contra los judíos ya había alcanzado niveles extremos antes de Wannsee, pero la conferencia institucionalizó su exterminio. Los judíos que quedaban en estos países fueron deportados a los campos de exterminio, donde la mayoría perecieron.

El único documento que se conserva de esta reunión, una copia guardada por Martin Luther, secretario de Estado del Ministerio de Asuntos Exteriores, ha proporcionado a los historiadores una evidencia irrefutable de la sistematicidad del Holocausto. Este registro también ha sido clave para los juicios posteriores a la guerra, como el Juicio de Nürnberg y el juicio de Eichmann en Jerusalén, donde se utilizó para demostrar la responsabilidad colectiva y la naturaleza planificada del genocidio.

El Protocolo de Wannsee no solo revela la extensión de la colaboración entre diversas agencias del gobierno nazi, sino también la absoluta deshumanización de sus víctimas. Cada línea de este documento refleja un desprecio total por la vida humana, convirtiendo a millones de personas en simples cifras y estadísticas dentro de un plan logístico.

La conferencia de Wannsee y el Protocolo que sobrevivió son recordatorios escalofriantes de cómo un aparato burocrático puede ser instrumentalizado para perpetrar el mal en una escala inimaginable. Este documento no solo narra un capítulo oscuro de la historia, sino que también sirve como una advertencia perpetua de los peligros de la indiferencia, la obediencia ciega y la deshumanización en cualquier sociedad.

El cielo sobre Berlín, cargado de humo y fuego, se alzaba como un testigo mudo del fin de un imperio que había sumido al mundo en caos y destrucción. Era abril de 1945, y las fuerzas soviéticas, lideradas por los implacables mariscales

Zhúkov y Kónev, cerraban el cerco sobre la ciudad. Berlín, la joya del Tercer Reich, era ahora un escenario de ruina y desesperación. Adolf Hitler, encerrado en su búnker bajo la Cancillería del Reich, emitía órdenes que el tiempo y la realidad ya habían convertido en irrelevantes.

Desde el este y el sur, las tropas del Ejército Rojo avanzaban como una marea imparable, superando cada línea de defensa alemana con una mezcla de brutalidad y determinación. Habían cruzado el Oder a principios de abril, y ahora, tras semanas de combates encarnizados, estaban a las puertas de la capital nazi. Cada metro de avance había sido pagado con sangre. Las ciudades de Seelow y Küstrin, que protegían los accesos a Berlín, se habían convertido en campos de batalla infernales donde los tanques soviéticos T-34 y los cañones autopropulsados ISU-152 habían desgarrado las líneas alemanas.

En Berlín, la Luftwaffe apenas existía, y los defensores, formados por soldados de la Wehrmacht, las SS y miles de jóvenes de las Juventudes Hitlerianas, luchaban con una mezcla de fanatismo y desesperación. Las calles se llenaban de barricadas, y las ruinas de edificios se transformaban en fortalezas improvisadas. Cada esquina era un punto de resistencia, cada ventana un posible nido de francotiradores. El general Helmuth Weidling, comandante de la defensa de Berlín, sabía que la derrota era inevitable, pero continuó organizando la resistencia mientras sus hombres caían en cantidades abrumadoras.

El 16 de abril, Zhúkov lanzó la operación más ambiciosa de su carrera: un ataque frontal sobre las alturas de Seelow, una posición estratégicamente vital que protegía el acceso oriental a Berlín. La batalla de las alturas de Seelow, conocida como la "Puerta de Berlín", fue una carnicería. Durante tres días, las fuerzas soviéticas atacaron las líneas alemanas con artillería, tanques e infantería. La noche se iluminaba con el fulgor de los proyectiles, y el rugido constante de las explosiones hacía temblar la tierra.

Finalmente, el 19 de abril, las líneas alemanas se rompieron, y el Ejército Rojo irrumpió en los suburbios de Berlín. Zhúkov y Kónev, rivales en busca de gloria, dirigieron sus ejércitos hacia el corazón de la ciudad. En el camino, encontraron resistencia feroz. Los hombres y mujeres de Berlín luchaban con lo que tenían: armas antitanque Panzerfaust, fusiles obsoletos e incluso cócteles Molotov. Sin embargo, el poder abrumador de los soviéticos era imparable. Cada día, el cerco se estrechaba más.

El 25 de abril, Berlín estaba completamente rodeada. Las tropas soviéticas avanzaban por las calles, enfrentándose a una mezcla de soldados alemanes y civiles armados. Los combates cuerpo a cuerpo eran intensos; edificios enteros cambiaban de manos varias veces en cuestión de horas. Las bombas de los aviones soviéticos y los cañones de artillería reducían manzanas enteras a escombros. El olor a pólvora y muerte impregnaba el aire.

El Reichstag, el símbolo del poder nazi, se convirtió en un objetivo primordial. Los soldados soviéticos sabían que capturar este edificio sería un golpe simbólico devastador para los alemanes. El avance hacia el Reichstag fue lento y sangriento. Cada calle, cada puente y cada edificio eran una trampa mortal. Los francotiradores alemanes, apostados en puntos elevados, cobraban un precio alto por cada paso que daba el Ejército Rojo.

Mientras tanto, en el búnker de la Cancillería, Hitler daba órdenes delirantes, confiando en divisiones inexistentes y esperando que sus aliados inexistentes acudieran en su ayuda. La realidad era que el Tercer Reich estaba al borde del colapso total. Los oficiales alemanes sabían que el final estaba cerca, pero pocos se atrevían a desafiar al Führer. En lugar de eso, planeaban sus propias huidas o muertes.

El 30 de abril, el Ejército Rojo lanzó el asalto final al Reichstag. Los combates dentro del edificio fueron feroces. Los soldados soviéticos avanzaban habitación por habitación, enfrentándose a los últimos defensores alemanes. Las llamas consumían partes del edificio, mientras que los escombros y el humo dificultaban la visión. Finalmente, después de horas de lucha, los soldados soviéticos izaron la bandera roja sobre el Reichstag. Fue un momento de triunfo que marcó el principio del fin.

La ciudad, que alguna vez se erguía como símbolo del poderío nazi, estaba ahora reducida a ruinas humeantes. Las tropas soviéticas avanzaban implacablemente, conquistando calle tras calle en su camino hacia el corazón de la ciudad. En lo profundo de la Cancillería del Reich, un grupo de hombres y mujeres aguardaban el inevitable fin en un claustrofóbico búnker subterráneo. Allí, Adolf Hitler, el dictador que había prometido mil años de gloria al Tercer Reich, vivía sus últimos días, rodeado de lealtad fanática, desesperación y traiciones silenciosas.

El Führerbunker, construido originalmente como refugio antibombas, se había convertido en un mausoleo viviente para el régimen nazi. Las gruesas paredes de hormigón no solo aislaban los sonidos de las explosiones externas, sino que también encerraban a sus ocupantes en un ambiente de fatalismo y locura. El aire estaba impregnado de un olor rancio a humedad, pólvora y ansiedad. Los días y las noches se confundían, y los relojes eran el único recordatorio de un tiempo que se agotaba rápidamente.

Junto a Hitler estaban sus más cercanos colaboradores, un grupo heterogéneo que incluía a su secretaria Traudl Junge, el médico personal Dr. Ludwig Stumpfegger, el ministro de Propaganda Joseph Goebbels y su familia, así como oficiales de alto rango como Martin Bormann. Eva Braun, la amante de Hitler, también estaba allí, mostrando una lealtad inquebrantable que culminaría en un trágico acto final.

El ambiente en el búnker oscilaba entre la tensa calma de la rutina y los estallidos de furia y desesperación de Hitler. A pesar de las evidencias del colapso, el dictador seguía emitiendo órdenes, confiando en divisiones inexistentes y soñando con contraofensivas imposibles. Los mapas extendidos sobre las mesas eran testigos silenciosos de un mundo de fantasía en el que Hitler aún habitaba.

El 20 de abril, Hitler cumplió 56 años, un hito marcado por un desfile de saludos forzados y gestos vacíos. En lugar de celebración, el día estuvo lleno de informes catastróficos: las tropas soviéticas habían rodeado Berlín, y las comunicaciones con el resto del Reich se estaban desmoronando. Aquellos que aún permanecían leales se acercaban al dictador, expresando palabras vacías de esperanza antes de desaparecer, algunos para escapar, otros para morir.

En esos días finales, Hitler se volvió más errático. Su salud, ya deteriorada por años de estrés y tratamientos médicos cuestionables, empeoró rápidamente. Su mano izquierda temblaba incontrolablemente, su rostro estaba demacrado, y su voz carecía de la energía que una vez había hipnotizado a multitudes. Caminaba por los pasillos del búnker con dificultad, murmurando sobre traiciones y castigos divinos, mientras ignoraba las súplicas de quienes intentaban convencerlo de huir.

El 22 de abril, Hitler reconoció por primera vez la inevitabilidad de la derrota. En un acceso de furia, culpó a sus generales de incompetencia y traición. Fue en ese momento que declaró su intención de permanecer en Berlín hasta el final y morir en la capital del Reich. Esta decisión selló el destino no solo de Hitler, sino también de quienes eligieron permanecer a su lado.

El 29 de abril, Hitler tomó dos decisiones trascendentales. Primero, se casó con Eva Braun en una ceremonia breve y austera en el búnker. La pareja, que había mantenido su relación en privado durante años, decidió formalizar su unión en un acto que parecía tanto romántico como fatalista. Después de la ceremonia, celebraron con champán y una comida frugal, mientras las bombas soviéticas sacudían la ciudad.

Esa misma noche, Hitler dictó su testamento político. En él, culpó a los judíos y a los líderes del mundo por la guerra, reafirmando las creencias antisemitas que habían definido su ideología. También designó a Karl Dönitz como su sucesor, confiando en él la tarea imposible de continuar la lucha.

El 30 de abril, Berlín estaba al borde del colapso total. Las tropas soviéticas estaban a pocas cuadras de la Cancillería del Reich, y los disparos de artillería resonaban con una intensidad aterradora. Hitler pasó la mañana en silencio, despidiéndose de los pocos que quedaban en el búnker. Traudl Junge y otros asistentes recordaron que el dictador parecía resignado, casi tranquilo, como si hubiera aceptado finalmente su destino.

A las 3:30 de la tarde, Hitler y Eva Braun se retiraron a sus aposentos privados. El silencio que siguió fue interrumpido solo por el sonido de un disparo. Cuando los oficiales abrieron la puerta, encontraron a Hitler desplomado en un sofá, con un disparo en la sien, y a Eva Braun junto a él, sin vida tras ingerir cianuro. La escena era un testimonio de la autodestrucción de un régimen que había prometido grandeza y entregado horror.

Los cuerpos fueron llevados al jardín de la Cancillería, donde se les roció con gasolina y se les prendió fuego, siguiendo las instrucciones de Hitler. Mientras las llamas consumían sus restos, los pocos que quedaban en el búnker se enfrentaban a su propio destino, algunos optando por el suicidio, otros entregándose a las fuerzas soviéticas.

La muerte de Hitler marcó el colapso definitivo del Tercer Reich. Para los soviéticos, la captura de Berlín fue tanto un triunfo militar como un acto de venganza por las atrocidades cometidas por los nazis en su tierra. Para el mundo, fue un alivio mezclado con el horror de los crímenes revelados en los campos de concentración.

El Führerbunker, con sus muros gruesos y oscuros pasillos, se convirtió en un símbolo del fin de una era de destrucción. Las historias de quienes estuvieron allí, de sus decisiones y actos en esos días finales, son un recordatorio de cómo incluso los regímenes más poderosos pueden desmoronarse bajo el peso de su propia maldad.

La victoria en Berlín tuvo un costo enorme para el Ejército Rojo. Decenas de miles de soldados soviéticos murieron en la batalla, y muchos más resultaron heridos. Sin embargo, su sacrificio aseguró el fin del Tercer Reich y aceleró el final de la Segunda Guerra Mundial. Para los berlineses, la ocupación soviética trajo consigo tanto alivio como horror. La violencia, los saqueos y las represalias fueron comunes en los días posteriores a la caída de la ciudad.

La batalla de Berlín fue el acto final de una guerra que había devastado Europa y el mundo. Para el Ejército Rojo, fue una victoria épica y trágica, un testimonio de su resistencia y determinación. Para Alemania, fue el colapso de un régimen que había traído sufrimiento incalculable a millones. Y para el mundo, fue el preludio de un nuevo orden global, marcado por la división de Berlín y el inicio de la Guerra Fría.

El 7 de mayo de 1945, la larga y devastadora guerra en Europa llegó a su fin oficial con la rendición incondicional de Alemania. Este acto histórico, resultado de años de sangrientos enfrentamientos y una serie de victorias aliadas que desmoronaron al Tercer Reich, marcó el cierre de uno de los capítulos más oscuros de la humanidad. Pero el camino hacia ese momento, el acto solemne de rendición que se firmó en una sala repleta de uniformes y rostros solemnes, estuvo lleno de tensiones, simbolismos y decisiones críticas que reflejaban la complejidad del conflicto.

Cuando la Alemania nazi estaba al borde del colapso total, los líderes militares restantes intentaron ganar tiempo. Adolf Hitler había muerto el 30 de abril, encerrado en su búnker, dejando al almirante Karl Dönitz como su sucesor. Dönitz, consciente de la inutilidad de seguir luchando, tenía un objetivo claro: salvar al mayor número posible de soldados y civiles alemanes de caer en manos soviéticas. En su lugar, esperaba que pudieran rendirse a los británicos y estadounidenses, quienes eran vistos como menos vengativos.

Sin embargo, los aliados no estaban dispuestos a permitir maniobras que perpetuaran la guerra ni a dar ventajas estratégicas a Alemania. Insistieron en una rendición total e incondicional ante las fuerzas aliadas en su conjunto, incluidas las soviéticas, quienes habían pagado un altísimo precio humano para llegar a Berlín. Este acuerdo debía firmarse simultáneamente para evitar confusiones o ambigüedades.

Los primeros pasos hacia la rendición comenzaron en los primeros días de mayo, cuando el general alemán Alfred Jodl, jefe del Estado Mayor de Operaciones de las Fuerzas Armadas, fue enviado como representante de Dönitz para negociar con los aliados en Reims, Francia. Allí, en el cuartel general del general Dwight D. Eisenhower, comandante supremo de las fuerzas aliadas, se reunieron las partes para acordar los términos. El ambiente estaba cargado de tensión y solemnidad, con la presencia de importantes figuras aliadas como el general Walter Bedell Smith, jefe de gabinete de Eisenhower, y representantes soviéticos y franceses.

El 6 de mayo, Jodl llegó con la esperanza de negociar una rendición parcial, que permitiera que los soldados alemanes en el frente oriental siguieran luchando contra los soviéticos. Sin embargo, Eisenhower fue inflexible. Declaró que no aceptaría nada menos que una rendición incondicional en todos los frentes. Si Alemania no aceptaba, los aliados continuarían avanzando, causando más destrucción y sufrimiento. Presionado por la inminente catástrofe y la realidad de que el ejército alemán estaba completamente derrotado, Jodl solicitó tiempo para comunicarse con Dönitz.

Después de recibir la aprobación, Jodl firmó el documento de rendición en la madrugada del 7 de mayo de 1945.

El acto de rendición tuvo lugar en una sala modesta, decorada con mapas de Europa y marcada por el sonido de las máquinas de escribir que registraban cada detalle. La rendición estipulaba que todas las fuerzas alemanas debían cesar las operaciones a las 11:01 p.m. del 8 de mayo de 1945. Jodl firmó en representación de Alemania, mientras que Walter Bedell Smith firmó en nombre de los aliados occidentales y el general Ivan Susloparov lo hizo por los soviéticos. El general francés François Sevez también estuvo presente como testigo.

Sin embargo, el liderazgo soviético, encabezado por Stalin, no estaba completamente satisfecho. Stalin insistió en que la rendición debía ser firmada nuevamente en Berlín, la ciudad conquistada por el Ejército Rojo y símbolo de la caída del Tercer Reich. Para Stalin, era crucial que este acto histórico tuviera lugar en territorio soviético, subrayando el sacrificio y la contribución del pueblo soviético a la victoria. Eisenhower aceptó, entendiendo la importancia política y simbólica del gesto.

El 8 de mayo, el mariscal Wilhelm Keitel, jefe del Alto Mando Alemán, se presentó en Berlín para firmar el segundo y definitivo acto de rendición. La ceremonia tuvo lugar en Karlshorst, en las afueras de Berlín, en una escuela militar convertida en cuartel general soviético. Allí, Keitel, vestido con su uniforme impecable y sus característicos guantes blancos, fue recibido con frialdad por el mariscal Georgy Zhukov, representante de la Unión Soviética, y el resto de los oficiales aliados.

La sala estaba iluminada por grandes lámparas y llena de humo de cigarrillos, creando un ambiente opresivo. Zhukov, con su imponente presencia, observaba a Keitel con una expresión impenetrable. A su lado estaban el mariscal británico Sir Arthur Tedder, el general estadounidense Carl Spaatz y el general francés Jean de Lattre de Tassigny. Keitel, con su porte altivo, firmó el documento de rendición sin mostrar emoción visible, consciente de que estaba sellando el fin de una era y el destino de su nación.

Cuando la firma concluyó, no hubo celebraciones ni gestos triunfales. La atmósfera estaba cargada de solemnidad y reconocimiento del costo humano y material de la guerra. Afuera, las explosiones y los disparos habían cesado, pero el silencio era ensordecedor. Para los millones de personas que habían sufrido durante el conflicto, la rendición era un alivio, pero también una amarga victoria llena de pérdidas irreparables.

El 9 de mayo, Día de la Victoria en la Unión Soviética, marcó oficialmente el fin de la guerra en Europa. Las ciudades soviéticas celebraron con desfiles y fuegos artificiales, mientras que en Occidente las campanas de las iglesias resonaron y las multitudes salieron a las calles a celebrar la paz. Sin embargo, para muchos, el júbilo fue atenuado por el recuerdo de los millones de vidas perdidas y la devastación que quedaba por reparar.

El acto de rendición de Alemania fue más que una formalidad; fue el colofón de años de lucha, resistencia y sacrificio. Representó el fin de una pesadilla que había consumido a Europa y el mundo entero, y el inicio de un arduo camino hacia la reconstrucción y la reconciliación.

La bomba atómica

El Proyecto Manhattan fue una de las empresas más ambiciosas, secretas y transformadoras de la historia de la humanidad. Su objetivo era claro pero aterrador: desarrollar la primera bomba atómica antes de que lo hiciera la Alemania nazi. Este esfuerzo, que unió a algunos de los mejores científicos del mundo bajo la dirección del gobierno de los Estados Unidos, cambió no solo el curso de la Segunda Guerra Mundial, sino también la historia de la ciencia, la tecnología y la política global.

El germen del Proyecto Manhattan puede rastrearse hasta principios de los años 30, cuando los avances en la física nuclear comenzaron a mostrar que el núcleo del átomo albergaba una energía inimaginable. Los descubrimientos de científicos como Ernest Rutherford, Niels Bohr y James Chadwick en el campo de la física cuántica sentaron las bases para comprender la estructura atómica y las reacciones nucleares. Sin embargo, fue el descubrimiento de la fisión nuclear en 1938 por los químicos alemanes Otto Hahn y Fritz Strassmann, y su explicación por parte de Lise Meitner y Otto Frisch, lo que encendió las alarmas en la comunidad científica internacional. Este proceso liberaba una cantidad de energía explosiva y teóricamente podía ser utilizado para construir un arma de potencia devastadora.

En Europa, los vientos de guerra se intensificaban. En 1939, Albert Einstein, el físico más famoso del mundo, recibió una visita crucial del físico húngaro Leó Szilárd. Szilárd, quien había emigrado a los Estados Unidos huyendo del antisemitismo nazi, estaba profundamente preocupado por la posibilidad de que Alemania estuviera trabajando en un arma nuclear. Juntos redactaron una carta dirigida al presidente Franklin D. Roosevelt. Einstein, con su reputación intachable, firmó la carta, la cual advertía de los peligros de permitir que los nazis desarrollaran una bomba atómica antes que los aliados. La carta, entregada en octubre de 1939, marcó el inicio del compromiso estadounidense con la investigación nuclear militar.

El gobierno estadounidense reaccionó de forma cautelosa al principio. En 1940, se estableció el Comité de Uranio, que asignó fondos modestos para investigar la fisión nuclear y la posibilidad de construir una bomba. Sin embargo, con el ataque a Pearl Harbor en diciembre de 1941 y la entrada de los Estados Unidos en la Segunda Guerra Mundial, la situación cambió drásticamente. Roosevelt y sus asesores entendieron que la carrera nuclear no era un asunto secundario, sino una prioridad absoluta.

En 1942, el esfuerzo fue formalizado bajo el nombre en clave "Proyecto Manhattan", en referencia al distrito de Nueva York donde inicialmente se había administrado el proyecto. La dirección científica fue asignada al físico estadounidense J. Robert Oppenheimer, un brillante académico conocido por su profundo conocimiento teórico y su capacidad para liderar equipos multidisciplinarios. El general Leslie Groves, un ingeniero militar con reputación de ser eficiente y exigente fue designado para supervisar el proyecto en su conjunto.

El Proyecto Manhattan se extendió rápidamente, convirtiéndose en una red de laboratorios, instalaciones de producción y centros de investigación distribuidos por todo Estados Unidos.

En Los Álamos, Nuevo México, bajo la dirección de Oppenheimer, este laboratorio fue el corazón del proyecto, donde se diseñaron y ensamblaron las primeras bombas. Los mejores científicos de la época, incluyendo Enrico Fermi, Richard Feynman, Niels Bohr y Edward Teller, trabajaron en Los Álamos.

En Oak Ridge, Tennessee. Esta instalación fue crucial para el enriquecimiento de uranio mediante el método de difusión gaseosa. El uranio-235, un isótopo escaso pero altamente fisible, era esencial para la construcción de una bomba funcional.

Y Hanford, Washington. En este lugar se construyeron reactores nucleares para producir plutonio-239, un material alternativo al uranio-235 para las bombas nucleares.
El secreto era absoluto. Miles de trabajadores participaron en el proyecto sin saber exactamente para qué estaban trabajando. Solo un puñado de personas conocía el objetivo final. Las medidas de seguridad eran estrictas, y cualquier fuga de información se consideraba un riesgo grave para la seguridad nacional.

El desarrollo de la bomba atómica enfrentó múltiples desafíos científicos y técnicos. Uno de los mayores fue encontrar un método eficaz para separar los isótopos de uranio-235 del más abundante uranio-238, que no era fisible. Este proceso requería tecnologías avanzadas y enormes cantidades de energía. En paralelo, los científicos trabajaron en la producción de plutonio-239, que implicaba irradiar uranio-238 en reactores nucleares especialmente diseñados.

Los avances se lograron mediante una colaboración sin precedentes entre científicos de diversas disciplinas. Fermi, por ejemplo, construyó el primer reactor nuclear funcional en la Universidad de Chicago en 1942, demostrando que las reacciones en cadena sostenidas eran posibles. Este experimento, conocido como Chicago Pile-1, fue un momento crucial en el proyecto.

Después de años de trabajo, el esfuerzo culminó en la primera prueba de una bomba nuclear, conocida como **Trinity**, el 16 de julio de 1945. Esta prueba tuvo lugar en el desierto de Jornada del Muerto, en Nuevo México. El dispositivo, una bomba de plutonio conocida como "The Gadget", fue colocado sobre una torre de acero y detonado al amanecer.

El resultado fue asombroso. Una luz más brillante que el sol iluminó el desierto, seguida por una onda de choque que se sintió a kilómetros de distancia. La explosión creó un cráter de vidrio fundido y una nube en forma de hongo que se elevó a más de 12 kilómetros de altura.

Los científicos, aunque conscientes del poder de la bomba, quedaron atónitos por la magnitud de la destrucción.
Oppenheimer, observando la explosión, recordó una frase del texto sagrado hindú Bhagavad- gita: "Ahora me he convertido en la muerte, el destructor de mundos". Esta cita reflejaba la mezcla de logro científico y horror moral que acompañaba al éxito de Trinity.

El final de la guerra en el Pacífico se acercaba, pero no sin un costo inimaginable. Japón, debilitado y asediado por años de guerra, se aferraba a sus últimos fragmentos de esperanza, incluso cuando la realidad de su situación se hacía ineludible. Las islas japonesas estaban rodeadas, su fuerza aérea devastada y su marina prácticamente inexistente. Sin embargo, el mando militar japonés mantenía su postura inquebrantable, dispuesto a luchar hasta el último hombre, mujer y niño si era necesario. La nación había sido adoctrinada para considerar la rendición como una deshonra insuperable, una mancha en el alma colectiva que nunca podría ser lavada. En este escenario sombrío y desesperado, los aliados tomaron la decisión que definiría no solo el fin de la guerra, sino también el comienzo de una nueva era de incertidumbre y terror.

Los meses previos a los ataques a Hiroshima y Nagasaki estuvieron marcados por un brutal endurecimiento de la guerra. Los bombardeos estratégicos sobre Japón habían alcanzado un nivel sin precedentes. En marzo de 1945, un raid masivo sobre Tokio, liderado por el general Curtis LeMay, había reducido la ciudad a cenizas, dejando más de 100,000 muertos y millones de personas sin hogar. Estas tácticas, diseñadas para quebrantar la moral japonesa y forzar una rendición, demostraron ser devastadoras pero insuficientes. Cada incursión aérea, cada ciudad arrasada, parecía endurecer más la determinación de los líderes japoneses.

Mientras tanto, en las sombras de la guerra, se estaba gestando un arma cuyo poder superaba incluso las pesadillas de los bombardeos incendiarios. El Proyecto Manhattan había alcanzado su culminación con la prueba Trinity en julio de 1945, una explosión que transformó el desierto de Nuevo México en un páramo radiante. Aquellos que presenciaron el estallido quedaron sobrecogidos. Era un poder que escapaba a la comprensión humana, un recordatorio aterrador de la capacidad destructiva de la ciencia. Cuando el presidente Harry S Truman fue informado del éxito de la prueba, quedó claro que este nuevo arsenal sería el arma definitiva para terminar la guerra.

El objetivo de Truman era claro: Japón debía rendirse incondicionalmente. Pero la cúpula militar japonesa rechazaba cualquier capitulación que no preservara al emperador Hirohito en su trono. Esta obstinación, combinada con el potencial costo humano de una invasión terrestre de las islas japonesas, llevó a los líderes aliados a considerar el uso de la bomba atómica como una herramienta de coerción y destrucción final. Se elaboraron cuidadosamente una lista de objetivos, priorizando ciudades con significación militar y estratégica que aún no hubieran sido devastadas por los bombardeos convencionales. Hiroshima, un importante centro militar y logístico, ocupó el primer lugar.

El 6 de agosto de 1945, el cielo sobre Hiroshima estaba despejado, una calma que presagiaba el caos venidero. A las 8:15 a.m., un bombardero B-29 llamado

Enola Gay, pilotado por el coronel Paul Tibbets, liberó su carga mortal, una bomba apodada "Little Boy". La bomba descendió lentamente, su descenso marcado por un paracaídas diseñado para darle al avión tiempo suficiente para escapar del radio de la explosión. A 600 metros sobre el suelo, la bomba detonó, liberando una energía equivalente a 15,000 toneladas de TNT.

La explosión fue un acto de cataclismo. En un instante, una bola de fuego consumió el centro de la ciudad, alcanzando temperaturas de millones de grados. Las personas que se encontraban en las inmediaciones fueron incineradas al instante, sus sombras grabadas en las paredes y el pavimento como macabros recuerdos de su existencia. Edificios enteros se derrumbaron, arrasados por la onda de choque. Un viento infernal, cargado de escombros, se extendió en todas direcciones, seguido por una lluvia negra y radiactiva que impregnó el suelo y los cuerpos de los supervivientes. Hiroshima, una ciudad vibrante, se convirtió en un paisaje apocalíptico en cuestión de segundos.

Las cifras exactas de muertos nunca se conocerán, pero se estima que entre 70,000 y 80,000 personas murieron instantáneamente, con decenas de miles más sucumbiendo a sus heridas y enfermedades en las semanas, meses y años que siguieron. Los hospitales fueron destruidos, los médicos y enfermeras muertos. Los supervivientes, conocidos como *hibakusha*, quedaron marcados de por vida, tanto física como emocionalmente, llevando cicatrices que no solo eran visibles, sino también espirituales.

A pesar de la magnitud de la devastación, Japón no se rindió. El gobierno japonés debatió amargamente su próxima acción, mientras los aliados se preparaban para un segundo golpe. Tres días después, el 9 de agosto de 1945, un B-29 llamado *Bockscar* despegó de la isla de Tinian con una bomba aún más poderosa, "Fat Man", en su bodega. El objetivo original era la ciudad de Kokura, pero las nubes y el humo de los bombardeos recientes dificultaron la visibilidad. El avión cambió su curso hacia Nagasaki, un importante centro industrial y portuario.

A las 11:02 a.m., la bomba fue lanzada, detonando en un valle rodeado de montañas. Aunque el terreno limitó parcialmente el alcance de la explosión, los efectos fueron igualmente devastadores. Más de 40,000 personas murieron al instante, con otras tantas muriendo en los días posteriores. El horror de Nagasaki, sumado al espectro de más bombas atómicas, finalmente quebró la resistencia japonesa.

El 15 de agosto de 1945, el emperador Hirohito anunció la rendición de Japón en una transmisión de radio sin precedentes, marcando el fin de la Segunda Guerra Mundial. Su voz, que muchos japoneses escucharon por primera vez, resonó con una mezcla de dignidad y resignación. "Hemos soportado lo insoportable", declaró, mientras la nación se sumía en una mezcla de alivio, confusión y dolor.

El ataque final a Japón, sellado con las bombas de Hiroshima y Nagasaki, fue un evento que sacudió la conciencia del mundo. Si bien logró su objetivo de poner fin a una guerra devastadora, también marcó el comienzo de una era de miedo nuclear que aún persiste. Fue una victoria envuelta en tragedia, un recordatorio del inmenso costo de la guerra y de las sombras que la ciencia puede arrojar sobre la humanidad.

El amanecer del 2 de septiembre de 1945 llegó con una solemne mezcla de alivio y tensión sobre la bahía de Tokio. Allí, anclado imponente, el acorazado **USS Missouri** se preparaba para convertirse en el escenario de un momento histórico, el acto final de la Segunda Guerra Mundial. El aire estaba cargado de la pesada expectativa de la reconciliación y la aceptación de la derrota. Los ecos de los horrores de Hiroshima, Nagasaki y las incontables batallas en el Pacífico aún resonaban en las mentes de todos los presentes. Sin embargo, ese día marcaría el comienzo de un nuevo capítulo, una línea trazada entre la devastación y la esperanza de un futuro incierto.

En el puente del Missouri, los preparativos estaban en marcha desde las primeras luces del día. Las tripulaciones limpiaban meticulosamente la cubierta, conscientes de que cada detalle debía ser perfecto. Oficiales estadounidenses, vestidos con uniformes impecables, se alineaban en formación, sus rostros mostrando una mezcla de solemnidad y orgullo. Frente a ellos, una mesa cubierta con un paño verde oscuro esperaba, sosteniendo los documentos que sellarían el fin oficial de la guerra.

El general Douglas MacArthur, comandante supremo de las fuerzas aliadas en el Pacífico, era la figura central de la ceremonia. Su porte era imponente, su presencia irradiaba autoridad y gravedad. MacArthur había insistido en que la ceremonia fuera breve pero significativa, un reflejo de la magnitud del momento. Bajo su dirección, la rendición de Japón no sería solo un acto militar, sino un símbolo de reconciliación y un recordatorio de las lecciones de la guerra.

A medida que los dignatarios llegaban al Missouri, el ambiente adquiría un tono casi irreal. Representantes de las fuerzas aliadas, incluyendo a los Estados Unidos, el Reino Unido, la Unión Soviética, China, Francia, Australia, Canadá, los Países Bajos y Nueva Zelanda, tomaron sus lugares a lo largo del puente. Cada uno representaba a una nación que había contribuido a la victoria sobre las potencias del Eje, y juntos formaban un frente unificado contra la opresión y la agresión.

Poco después de las 9:00 a.m., una pequeña delegación japonesa abordó el Missouri. Vestidos con trajes oscuros y portando rostros marcados por la tensión y la resignación, estos hombres representaban al gobierno y al mando militar de Japón. Entre ellos se encontraban el ministro de Relaciones Exteriores, Mamoru Shigemitsu, y el general Yoshijiro Umezu, jefe del Estado Mayor del Ejército Imperial. Shigemitsu, cojeando visiblemente debido a una herida previa, lideraba al grupo. Su rostro era una máscara de solemnidad, consciente de que cada movimiento y cada palabra serían observados y recordados.

Cuando la delegación japonesa llegó al puente, un silencio profundo cayó sobre la tripulación y los observadores. La ceremonia comenzó con unas pocas palabras de MacArthur, quien habló con claridad y convicción. Su voz resonó en el aire tranquilo de la mañana, declarando que el propósito de la rendición era no solo poner fin a la guerra, sino también sentar las bases de una paz duradera. Enfatizó que los sacrificios de millones no serían en vano y que el mundo debía trabajar para garantizar que tales horrores no se repitieran.

Los documentos de rendición se colocaron cuidadosamente sobre la mesa. Había dos copias: una en inglés y otra en japonés. El texto era simple pero poderoso, detallando la rendición incondicional de todas las fuerzas armadas japonesas y comprometiendo a la nación a cumplir con las directrices de los aliados. No había margen para la ambigüedad; era una rendición total y absoluta.

Shigemitsu fue el primero en firmar en nombre del emperador Hirohito y el gobierno japonés. Con manos temblorosas, se inclinó sobre la mesa y trazó su nombre en el documento, un acto que simbolizaba la aceptación formal de la derrota y el fin de un sueño imperial que había llevado al país a la ruina. Luego, el general Umezu firmó en representación del ejército, su rostro rígido y sin emociones visibles.

Tras las firmas japonesas, MacArthur firmó en nombre de los aliados, su pluma trazando líneas firmes y decisivas en el papel. Luego, uno a uno, los representantes de las naciones aliadas agregaron sus firmas, cada una un recordatorio de la magnitud de la alianza que había derrotado a las fuerzas del Eje. La ceremonia avanzó con una eficiencia casi militar, pero la carga emocional del momento era palpable.
Cuando las firmas concluyeron, MacArthur se dirigió una vez más a los presentes, esta vez con un mensaje de esperanza. Habló de la necesidad de construir un mundo basado en la justicia y la tolerancia, y de dejar atrás los errores del pasado. Sus palabras, aunque breves, resonaron profundamente entre los asistentes, muchos de los cuales habían experimentado de primera mano los horrores de la guerra.

A las 9:12 a.m., la ceremonia terminó. Un silencio solemne dio paso al rugido de las aeronaves aliadas que pasaron sobre el Missouri en formación, un espectáculo impresionante que simbolizaba la victoria y el sacrificio compartido. Para los presentes, el vuelo de los aviones fue un recordatorio de los innumerables hombres y mujeres que habían dado sus vidas para llegar a ese momento.

La delegación japonesa abandonó el acorazado en silencio, regresando a un país destrozado por la guerra, pero con la esperanza de reconstruir y renacer. Para los aliados, el acto de rendición marcó el fin de un capítulo oscuro en la historia de la humanidad y el comienzo de un esfuerzo monumental para sanar las heridas del conflicto.

El USS Missouri permaneció anclado como testigo silencioso de la historia que se había escrito en sus cubiertas. En los años venideros, la ceremonia de rendición sería recordada como un momento de solemnidad y redención, un símbolo del costo de la guerra y del poder del entendimiento humano para superar incluso las mayores tragedias. En ese día, bajo el cielo despejado de la bahía de Tokio, el mundo dio un paso titubeante hacia un futuro que aún debía ser construido, pero que al menos tenía la promesa de la paz.

Impacto financiero

La Segunda Guerra Mundial representó uno de los eventos más transformadores y devastadores de la historia moderna, no solo en términos de pérdidas humanas, sino también por el impacto financiero que dejó en las naciones involucradas. Los costes económicos de la contienda fueron astronómicos, alterando el curso de las economías globales y definiendo la estructura financiera del mundo por décadas. El gasto militar directo, la destrucción de infraestructuras, la pérdida de capital humano y las enormes deudas acumuladas configuran un panorama de ruina y reconstrucción que marcó a una generación entera. Cada país enfrentó la guerra con recursos desproporcionados y sacrificios extremos, alimentando un conflicto que drenaría los tesoros nacionales y redefiniría las prioridades económicas.

Estados Unidos, al entrar en la guerra en 1941, movilizó una cantidad sin precedentes de recursos económicos e industriales. Con un gasto militar que alcanzó los 341.000 millones de dólares de la época, equivalente a más de 4,9 billones de dólares ajustados por inflación, la nación se convirtió en el arsenal de la democracia, suministrando armas, vehículos y equipos no solo para su propio ejército, sino también para sus aliados a través del programa de Préstamo y Arriendo. Este esfuerzo colosal representó aproximadamente el 40% de su PIB anual promedio durante el conflicto. Las fábricas estadounidenses trabajaron sin descanso, produciendo 297.000 aviones, 88.000 tanques y más de 6.500 buques de guerra. Proyectos especiales como el Proyecto Manhattan, que costó aproximadamente 2.000 millones de dólares (unos 30.000 millones actuales), también destacaron como ejemplos del compromiso económico y tecnológico en tiempos de guerra.

Por su parte, el Reino Unido, aunque ya estaba profundamente comprometido en la guerra desde 1939, dependió en gran medida de los acuerdos de Préstamo y Arriendo con Estados Unidos, que le proporcionaron 31.400 millones de dólares en apoyo (más de 400.000 millones actuales). Este respaldo financiero fue crucial para sostener la resistencia británica, pero dejó al país con una deuda externa equivalente al 250% de su PIB al final de la guerra. Mientras tanto, la Unión Soviética, que soportó la carga más brutal del conflicto en términos humanos, destinó cerca del 70% de su producción industrial al esfuerzo bélico. Los costos directos para la Unión Soviética se estiman en 192.000 millones de dólares ajustados por inflación, un sacrificio económico monumental que solo fue parcialmente aliviado por los 11.300 millones de dólares recibidos bajo el programa Lend-Lease.

En el lado del Eje, Alemania financió su esfuerzo bélico a un costo estimado de 272.000 millones de dólares ajustados, lo que representaba cerca del 70% de su PIB anual promedio durante los años de guerra. Este esfuerzo se mantuvo mediante préstamos internos, el saqueo sistemático de los territorios ocupados y políticas de expropiación masiva, incluyendo el robo de oro, arte y otros bienes valiosos. Japón, aunque en una escala más reducida, gastó aproximadamente 56.000 millones de dólares ajustados, concentrando sus recursos en la expansión naval y aérea. Como Alemania, Japón dependió del saqueo de recursos en territorios conquistados, especialmente en China y el sudeste asiático, para financiar su maquinaria militar.

Más allá de los costes directos, la destrucción de infraestructuras y capital humano amplificó las consecuencias económicas de la guerra. Europa sufrió una devastación sin precedentes: Alemania perdió aproximadamente el 20% de su infraestructura nacional, mientras que Polonia, como ejemplo extremo, vio destruidos el 38% de sus recursos productivos. Ciudades como Dresde, Varsovia y Stalingrado quedaron reducidas a escombros, y millones de personas quedaron sin hogar. En Asia, Japón enfrentó una destrucción masiva debido a los bombardeos aliados, con ciudades como Tokio, Osaka y Hiroshima arrasadas. La invasión japonesa en China también provocó la pérdida de importantes centros urbanos e industriales, dejando cicatrices económicas profundas.

El impacto humano fue igualmente devastador. Más de 70 millones de personas murieron durante el conflicto, incluyendo 20 millones de soviéticos y 6 millones de judíos asesinados en el Holocausto. La pérdida de una generación completa de hombres jóvenes en países como Alemania y Japón no solo fue una tragedia humana, sino que también tuvo un efecto catastrófico en la productividad económica a largo plazo. Además, más de 60 millones de personas fueron desplazadas por la guerra, lo que generó una crisis humanitaria de proporciones sin precedentes y altos costos para la reconstrucción y la reintegración de estas poblaciones.

Tras el final de la guerra, los países derrotados enfrentaron enormes desafíos financieros. Alemania fue obligada a pagar reparaciones significativas, aunque mucho menores que las impuestas tras la Primera Guerra Mundial. Estas incluyeron la entrega de carbón, maquinaria y bienes industriales a la Unión Soviética y otros aliados. Japón también fue forzado a proporcionar reparaciones, principalmente en forma de entregas de bienes y servicios a países asiáticos. Además, la Unión Soviética expropió vastos recursos de los territorios ocupados, incluyendo fábricas completas que fueron desmanteladas y trasladadas a suelo soviético, exacerbando la devastación económica en Alemania Oriental y otros países de Europa del Este.

La reconstrucción de Europa Occidental fue un esfuerzo monumental facilitado en gran parte por el Plan Marshall que veremos un poco después. Este apoyo no solo ayudó a estabilizar las economías de la región, sino que también sentó las bases para el milagro económico alemán de la posguerra. En Japón, bajo la ocupación estadounidense, se implementaron reformas económicas y sociales que impulsaron una rápida recuperación. La reforma agraria y la industrialización transformaron al país, allanando el camino para su ascenso como una potencia económica en las décadas siguientes.

A nivel global, los costos económicos de la Segunda Guerra Mundial marcaron el fin del dominio europeo en los asuntos financieros internacionales y consolidaron a Estados Unidos como la superpotencia económica mundial. La creación de instituciones internacionales como el Fondo Monetario Internacional (FMI) y el Banco Mundial, así como la reconstrucción del sistema comercial internacional, fueron esfuerzos directos para evitar futuras guerras económicas y garantizar la estabilidad financiera global. En última instancia, la Segunda Guerra Mundial no solo redefinió las fronteras políticas y sociales del mundo, sino que también transformó su economía, dejando un legado de sacrificio y reconstrucción que moldearía el resto del siglo XX.

Nuremberg

Los juicios de Nuremberg comenzaron en noviembre de 1945, menos de seis meses después de la rendición de Alemania, marcando un hito en la historia del derecho internacional. La ciudad de Nuremberg, devastada por la guerra pero simbólicamente significativa como antigua sede de los congresos nazis, fue elegida para albergar el proceso. Los edificios bombardeados parecían reflejar la desolación moral de quienes ahora estaban bajo juicio, y el Palacio de Justicia, uno de los pocos edificios que permanecían en pie, se convirtió en el epicentro de un enfrentamiento legal y moral que definiría el curso de la justicia en el mundo moderno.

La sala de audiencias estaba dominada por un aire de solemnidad y expectación. En el estrado, bajo la atenta mirada de jueces de las potencias aliadas, se sentaban 24 de los hombres más poderosos del régimen nazi, acusados de crímenes contra la humanidad, crímenes de guerra y conspiración para cometer agresiones. Entre ellos estaban Hermann Göring, el segundo al mando del Tercer Reich; Rudolf Hess, el lugarteniente de Hitler que había volado solo a Escocia en un intento por negociar la paz; Joachim von Ribbentrop, el artífice de la diplomacia nazi; y Albert Speer, conocido como el "arquitecto del Reich". En sus rostros se mezclaban el desafío, el abatimiento y la resignación.

Las pruebas presentadas en el juicio eran devastadoras. Películas de los campos de concentración, testimonios de supervivientes y documentos oficiales del gobierno nazi desentrañaban el horror sistemático perpetrado durante el Holocausto. Una y otra vez, las palabras y las imágenes traían al presente el eco de millones de vidas extinguidas en cámaras de gas, fosas comunes y marchas forzadas. Los acusados, enfrentados a las pruebas irrefutables, presentaron diversas actitudes: Göring, arrogante y desafiante, buscaba justificar sus acciones y desviar la responsabilidad hacia Hitler, mientras que otros, como Speer, admitían su culpabilidad parcial, intentando distanciarse de los aspectos más atroces del régimen.

El fiscal principal de Estados Unidos, Robert H. Jackson, dirigió una acusación que resonó como una condena moral a un sistema que había abrazado la barbarie. Su oratoria, cargada de pasión y claridad, describió a los acusados como representantes de un estado que había perdido su humanidad en la búsqueda de la supremacía. "Que nunca más se diga que no sabíamos lo que había ocurrido", dijo, dejando claro que el juicio no solo era para castigar a los culpables, sino para educar al mundo sobre los peligros de la tiranía.

Día tras día, los juicios se extendieron durante meses. Cada testimonio, cada documento presentado, era un recordatorio de la magnitud del horror. La defensa intentaba argumentar que los acusados solo cumplían órdenes, un pretexto que el tribunal rechazó con firmeza. La doctrina de la "obediencia debida" no podía exonerar a quienes habían tomado decisiones conscientes de exterminio y esclavitud.

El 1 de octubre de 1946 se dictaron las sentencias. Doce de los acusados, entre ellos Göring, Ribbentrop y Hans Frank, fueron condenados a muerte. Otros recibieron largas penas de prisión, mientras que tres fueron absueltos, lo que generó controversia entre el público y algunos observadores. La justicia no era perfecta, pero representaba un paso monumental hacia la rendición de cuentas en una escala global.

La noche antes de su ejecución, Hermann Göring eludió la horca ingiriendo una cápsula de cianuro, burlando así el destino que le había sido asignado. Su muerte, sin embargo, no mitigó el simbolismo de lo que había ocurrido en Nuremberg. Los otros condenados fueron ahorcados en la madrugada del 16 de octubre, y sus cuerpos cremados en un acto que buscaba evitar la creación de lugares de culto para la ideología que habían representado.
Los juicios de Nuremberg sentaron precedentes que han influido profundamente en la justicia internacional. Establecieron que los líderes de los estados no están por encima de la ley y que los crímenes contra la humanidad deben ser castigados. También se convirtieron en un recordatorio imborrable de los costos del odio y la intolerancia, y un llamado a la vigilancia para prevenir que tales horrores vuelvan a ocurrir.

El eco de Nuremberg aún resuena en los tribunales internacionales y en la memoria colectiva del mundo. En el relato de esos días trágicos y heroicos, se encuentra una advertencia y una esperanza: que la justicia y la humanidad prevalezcan incluso en las horas más oscuras de la historia.

Un plan de Paz, un plan de reconstrucción

Era 1947, y Europa apenas comenzaba a despertar de la pesadilla que había sido la Segunda Guerra Mundial. Los líderes de las principales naciones del continente se habían reunido en París para discutir los detalles de una propuesta que podría cambiar el destino de sus países. En una esquina, un grupo de economistas debatía acaloradamente sobre los métodos de distribución de la ayuda. En otra, ministros de asuntos exteriores intercambiaban opiniones sobre las condiciones que vendría aparejadas con el dinero prometido por Estados Unidos.

En el centro de todo estaba el Plan Marshall, una idea tan ambiciosa como controvertida. Era una apuesta calculada, concebida en los despachos de Washington, pero destinada a transformar el rostro de Europa. Más que una simple inyección de dinero era un manifiesto económico, un acto de fe en el capitalismo como motor de progreso y estabilidad.

El Programa de Recuperación Europea, conocido popularmente como el Plan Marshall, fue más que una simple estrategia de ayuda exterior. Era una visión deliberada y pragmática que buscaba reconstruir Europa, pero también afianzar la influencia económica y política de Estados Unidos en el mundo.

George C. Marshall, el entonces secretario de Estado estadounidense, se convirtió en el rostro visible de esta iniciativa. Su discurso en la Universidad de Harvard el 5 de junio de 1947 no solo marcó el inicio formal del plan, sino que también reflejó una visión de cooperación y esperanza en un mundo dividido. "Nuestro política no está dirigida contra países ni doctrinas, sino contra el hambre, la pobreza, la desesperación y el caos", declaró. Sus palabras resonaron con una humanidad sincera, pero también con un pragmatismo calculado.

Europa estaba devastada. Desde las ruinas de Londres hasta los escombros de Varsovia, la guerra había dejado cicatrices profundas tanto en las personas como en las economías. Los sistemas financieros estaban al borde del colapso, las infraestructuras habían sido destruidas, y el comercio internacional había quedado paralizado. El Plan Marshall prometía cambiar esto, pero no sin condiciones.

En Francia, el Plan Marshall fue recibido con una mezcla de gratitud y suspicacia. Si bien la ayuda económica permitió la reconstrucción rápida de infraestructuras y la revitalización de la industria, también se percibió como una herramienta de influencia estadounidense. El gobierno francés utilizó los fondos para modernizar su economía agrícola e industrial, pero también para estabilizar el franco y restaurar la confianza de los inversores extranjeros.

Alemania, por otro lado, se convirtió en un caso emblemático de lo que el Plan Marshall podía lograr. En 1948, la introducción de una nueva moneda, el marco alemán, marcó el inicio de lo que se conocería como el "milagro económico". Los fondos del Plan Marshall no solo ayudaron a reconstruir las fábricas y carreteras destruidas por los bombardeos, sino que también fomentaron la creación de un sistema económico más eficiente y orientado al libre mercado.

La colaboración entre Francia y Alemania, impulsada por el Plan Marshall, sentó las bases para la futura Unión Europea.

En Italia, el Plan Marshall tuvo un impacto significativo en la agricultura y la industria ligera. Las ciudades portuarias como Nápoles y Génova se revitalizaron gracias a las inversiones en infraestructuras, mientras que el sector textil experimentó un renacimiento. Sin embargo, el sur de Italia continuó enfrentando problemas estructurales que limitaron los beneficios del plan.

El Reino Unido, que había emergido de la guerra como vencedor pero también como deudor, utilizó los fondos para modernizar su industria y estabilizar su sistema financiero. Sin embargo, la dependencia de los préstamos estadounidenses también generó tensiones políticas y debates sobre la soberanía nacional. En los países escandinavos, el Plan Marshall se tradujo en un crecimiento rápido de la economía basada en el bienestar, con un enfoque en la educación y la innovación tecnológica.

El Plan Marshall no estaba exento de controversias. Aunque fue presentado como un acto de altruismo, también sirvió para consolidar la posición de Estados Unidos como la principal potencia económica mundial. Los países que aceptaron la ayuda también tuvieron que aceptar ciertas condiciones, como la liberalización del comercio y la adopción de políticas económicas orientadas al libre mercado.

En muchos casos, esto significó la reducción del papel del estado en la economía, un cambio que no siempre fue bien recibido por los sectores más conservadores de la sociedad europea. Además, el Plan Marshall excluyó deliberadamente a los países de la esfera de influencia soviética, lo que contribuyó a la división de Europa en bloques durante la Guerra Fría.

El Plan Marshall no solo revitalizó las economías europeas, sino que también transformó el panorama político y social del continente. Fomentó la cooperación entre países que habían sido enemigos acérrimos y sentó las bases para la integración europea. El Tratado de Roma de 1957, que marcó el inicio de la Comunidad Económica Europea, fue en gran medida posible gracias al clima de confianza y colaboración creado por el Plan Marshall.

Hoy, el Plan Marshall sigue siendo un ejemplo de cómo la ayuda internacional puede utilizarse como una herramienta para promover la estabilidad y el desarrollo. Aunque las circunstancias han cambiado, su legado perdura como un recordatorio de que incluso en los momentos más oscuros, la colaboración y la visión a largo plazo pueden allanar el camino hacia un futuro mejor.

El amanecer del 6 de junio de 1947 marcó más que la llegada de un nuevo día; fue el preludio de una propuesta que cambiaría para siempre el curso de la economía mundial. En un auditorio de Harvard, el secretario de Estado estadounidense George C. Marshall se levantó para pronunciar un discurso que parecía, a primera vista, una declaración de buenas intenciones. Pero las palabras de Marshall, entregadas con una elocuencia que traicionaba su modesto carácter, eran en realidad un programa marco, un plano audaz para la reconstrucción de Europa tras los estragos de la Segunda Guerra Mundial.

Europa estaba en ruinas. Desde las costas atlánticas de Francia hasta los campos arrasados de Ucrania, los vestigios de la guerra eran omnipresentes. Ciudades enteras habían sido reducidas a escombros, las infraestructuras destruidas, y las economías nacionales se tambaleaban bajo el peso de una deuda insostenible. En los mercados, el trueque había reemplazado al dinero como principal método de intercambio, y en los hogares, el hambre era una sombra persistente.

El plan Marshall, oficialmente conocido como el Programa de Recuperación Europea, fue presentado como una respuesta a este abismo económico. Su premisa era simple pero revolucionaria: Estados Unidos proporcionaría ayuda financiera masiva a los países europeos para revitalizar sus economías y prevenir la propagación del comunismo, que amenazaba con llenar el vacío dejado por la destrucción.

El plan Marshall, oficialmente conocido como el Programa de Recuperación Europea, fue presentado como una respuesta a este abismo económico. Su premisa era simple pero revolucionaria: Estados Unidos proporcionaría ayuda financiera masiva a los países europeos para revitalizar sus economías y prevenir la propagación del comunismo, que amenazaba con llenar el vacío dejado por la destrucción.

El amanecer de esta iniciativa no solo fue un acto de estrategia geopolítica, sino también un momento cargado de simbolismo. Marshall, un veterano de guerra que había visto de cerca el costo humano y material de los conflictos, hablaba no solo como un diplomático, sino como un testigo de la fragilidad del progreso humano. Sus palabras eran un eco de esperanza en un mundo que apenas empezaba a recuperar la voz.

La devastación de la guerra no era solo física. Había también una ruina moral y psicológica que paralizaba a los líderes y ciudadanos europeos. Las calles de ciudades como Varsovia y Dresde no solo estaban llenas de escombros, sino también de recuerdos dolorosos y un sentimiento de desesperanza colectiva. El Plan Marshall fue diseñado no solo para reconstruir infraestructuras, sino también para restaurar la fe en un futuro mejor.
En Londres, París y Berlín, las conversaciones giraban en torno a cómo coordinar una recuperación que parecía imposible. Los bancos estaban colapsados, las reservas de oro habían sido saqueadas o utilizadas para financiar el esfuerzo bélico, y las monedas locales carecían de valor. En este contexto, las promesas del Plan Marshall parecían casi milagrosas.

 élite económica y política de Estados Unidos comprendió que la reconstrucción de Europa no solo beneficiaría a los países devastados, sino también a su propia economía. Los mercados europeos habían sido históricamente algunos de los principales destinos para las exportaciones estadounidenses, y su destrucción había creado un vacío comercial que afectaba también a las industrias norteamericanas.

La visión de Marshall no era solo reconstruir, sino transformar. El plan buscaba modernizar las economías europeas, introduciendo tecnologías avanzadas, promoviendo la industrialización y fomentando la cooperación entre naciones que habían estado en guerra. Este enfoque no solo abordaba las necesidades inmediatas, sino que también establecía las bases para una paz duradera.

A pesar de su ambiciosa visión, el Plan Marshall enfrentó numerosos obstáculos desde el principio. El escepticismo era generalizado, tanto en Estados Unidos como en Europa. En el Congreso estadounidense, muchos legisladores se resistían a la idea de gastar miles de millones de dólares en países extranjeros, especialmente después de los sacrificios hechos durante la guerra. En Europa, los líderes también tenían dudas sobre aceptar ayuda que podría ser vista como una imposición o una forma de control.

Para superar estas resistencias, Marshall y su equipo desplegaron una campaña diplomática sin precedentes. En reuniones con líderes europeos, destacaron la urgencia de la situación y presentaron la ayuda no como una caridad, sino como una asociación mutuamente beneficiosa. Al mismo tiempo, en Estados Unidos, utilizaron los medios de comunicación para construir apoyo público, mostrando imágenes de las condiciones deplorables en las que vivían millones de europeos.

El papel de los intelectuales y economistas también fue crucial. Figuras como John Maynard Keynes y Jean Monnet argumentaron que la estabilidad económica de Europa era esencial para evitar futuros conflictos y garantizar el progreso global. Sus argumentos no solo convencieron a los políticos, sino también a la opinión pública, que comenzó a ver el Plan Marshall como una inversión en la paz y la prosperidad.

El impacto del Plan Marshall fue monumental. En los cuatro años que siguieron a su implementación, las economías europeas experimentaron un crecimiento sin precedentes. La producción industrial se disparó, los niveles de empleo aumentaron y la estabilidad social regresó a regiones que habían estado al borde del colapso. Pero su legado fue mucho más allá de las estadísticas económicas.

El Plan Marshall sentó las bases para la integración europea, fomentando la cooperación entre naciones que habían sido enemigas mortales. También redefinió el papel de Estados Unidos en el mundo, consolidándolo como líder de un orden global basado en el libre comercio y la democracia. Este modelo inspiró futuras iniciativas de ayuda internacional y estableció un precedente para cómo las naciones pueden unirse para enfrentar crisis globales.

En un mundo que enfrenta nuevos desafíos, desde el cambio climático hasta las crecientes desigualdades económicas, el legado del Plan Marshall sigue siendo una fuente de inspiración. Es un recordatorio de que, incluso en los momentos más oscuros, la colaboración y la visión pueden allanar el camino hacia un futuro mejor.

Y así, lo que comenzó como un discurso en una universidad de Nueva Inglaterra se convirtió en uno de los capítulos más importantes de la historia moderna. Europa se levantó de las cenizas, y con ella, nació un nuevo orden económico que moldearía el destino del mundo por generaciones.

Aquel junio de 1947, mientras el eco de las palabras de George C. Marshall comenzaba a resonar en todo el mundo, la maquinaria del poder estadounidense ya estaba en movimiento, calculando cada variable, midiendo cada resultado posible. La reconstrucción de Europa no era una mera obra de caridad; era, en esencia, una apuesta calculada que mezclaría idealismo y pragmatismo con una precisión quirúrgica.

Para los estrategas de Washington, el caos europeo representaba tanto una amenaza como una oportunidad. La amenaza era clara: el colapso económico podía empujar a naciones enteras hacia el comunismo, un enemigo ideológico que ganaba terreno con cada día que pasaba. La oportunidad, por otro lado, radicaba en la posibilidad de rediseñar el mapa económico mundial, posicionando a Estados Unidos como el centro gravitacional de un nuevo sistema internacional.

El secretario de Estado, George C. Marshall, y su equipo entendieron desde el principio que el verdadero poder no residía solo en los ejércitos o las armas nucleares, sino también en el control económico. Con Europa en ruinas, Estados

Unidos tenía una oportunidad única de consolidar su influencia mediante la reconstrucción. No era solo una cuestión de altruismo; era una inversión que, de tener éxito, garantizaba retornos políticos, económicos y estratégicos a largo plazo.

El arquitecto principal del Plan Marshall no fue un solo hombre, sino un colectivo de mentes brillantes que trabajaron en conjunto para dar forma a esta ambiciosa iniciativa. Entre ellos, destacaron figuras como Dean Acheson, entonces subsecretario de Estado, y William Clayton, un empresario convertido en diplomático que tenía un conocimiento profundo de los mercados internacionales. Ambos comprendieron que la recuperación europea no solo requería dinero, sino también una visión estructural que promoviera la cooperación entre naciones.

Clayton, quien había viajado extensamente por Europa tras la guerra, regresó a Estados Unidos con relatos desgarradores sobre las condiciones en el continente. Sus informes detallaban no solo la escasez de alimentos y la destrucción física, sino también el colapso de la moral y la fe en el futuro. Estos relatos fueron fundamentales para convencer al Congreso y al público estadounidense de la necesidad de actuar.

Sin embargo, los arquitectos del plan también tenían que enfrentarse a una pregunta crucial:
¿Cómo asegurarse de que la ayuda fuera efectiva y no terminara desperdiciada o mal utilizada? La respuesta a esta pregunta radicaba en el diseño del programa. En lugar de simplemente distribuir dinero, el Plan Marshall requirió que los países europeos elaboraran planes detallados sobre cómo utilizarían los fondos. Esto no solo garantizó un uso más eficiente de los recursos, sino que también fomentó la colaboración entre las naciones europeas, sentando las bases para lo que eventualmente se convertiría en la Unión Europea.

En casa, el presidente Harry Truman enfrentó una batalla cuesta arriba para conseguir la aprobación del Plan Marshall. El aislacionismo seguía siendo una fuerza poderosa en la política estadounidense, alimentado por el recuerdo de las enormes sumas gastadas durante la Primera Guerra Mundial y la Gran Depresión. Muchos estadounidenses cuestionaban por qué debían sacrificarse para ayudar a países que, en algunos casos, habían sido enemigos durante la guerra.

Para superar esta resistencia, la administración de Truman lanzó una campaña de relaciones públicas sin precedentes. Los medios de comunicación jugaron un papel clave, mostrando imágenes de las condiciones deplorables en Europa y destacando los beneficios estratégicos de la ayuda. Truman también hizo hincapié en el peligro del comunismo.

La luz del amanecer se filtraba a través de las cortinas en la fría mañana de Washington, D.C., cuando George C. Marshall revisaba las notas de su próximo discurso. Cada palabra que iba a pronunciar estaba diseñada con precisión quirúrgica. En su mente, no solo resonaba el eco de las ruinas europeas, sino también la creciente amenaza de una ideología que prometía arrasar como un incendio incontrolable: el comunismo. El Plan Marshall, tal como lo concebían Marshall y su equipo, no era simplemente un acto de generosidad, sino una apuesta calculada en el tablero de ajedrez global. Era un movimiento estratégico, uno que redefiniría el liderazgo estadounidense y marcaría el rumbo del mundo por décadas.

En los despachos del Departamento de Estado, los asesores trabajaban incansablemente. Los mapas de Europa cubrían las mesas, tachonados con alfileres que marcaban las zonas de mayor destrucción y las regiones más vulnerables a la influencia soviética. "Es imperativo actuar ahora", insistía William Clayton, un economista visionario cuya experiencia y fervor habían sido cruciales en la formulación del plan. Había recorrido los campos devastados de Europa, había caminado por calles donde el hambre y la desesperación eran palpables, y ahora, cada informe que escribía era un grito de advertencia: la inacción sería catastrófica.

La Segunda Guerra Mundial había dejado cicatrices profundas, no solo en el paisaje físico, sino también en el equilibrio de poder mundial. Estados Unidos, emergiendo como la superpotencia indiscutible, entendió que la reconstrucción de Europa no era simplemente una cuestión humanitaria; era un imperativo económico y político. Cada dólar invertido en el Plan Marshall tenía un propósito dual: estabilizar las economías europeas y crear un frente unido contra la expansión soviética.

Los soviéticos, liderados por Joseph Stalin, observaron con recelo cada movimiento de Estados Unidos. Desde Moscú, el Plan Marshall era visto como una herramienta de dominación económica, una forma de imponer la influencia capitalista en Europa Occidental. Stalin respondió con la consolidación del bloque del Este, rechazando la ayuda estadounidense e instaurando su propio programa de asistencia económica, conocido como el COMECON. Pero la realidad era clara: mientras las naciones bajo la órbita soviética luchaban por mantener un equilibrio precario, las democracias occidentales recibían un salvavidas que les permitiría emerger como potencias económicas revitalizadas.

Convencer al Congreso de los Estados Unidos no fue tarea fácil. El aislacionismo, un legado de la Primera Guerra Mundial, todavía tenía raíces profundas en el pensamiento político estadounidense. Los detractores del plan argumentaban que los recursos deberían invertirse en casa, en lugar de gastarse en países extranjeros. Sin embargo, la administración Truman tenía un argumento poderoso: una Europa fuerte y estable era esencial para la seguridad y prosperidad de Estados Unidos. El caos económico en Europa podría convertirse en un caldo de cultivo para la revolución, y las repercusiones serían globales.

Marshall y su equipo desplegaron una campaña persuasiva, apelando tanto a la razón como a la emoción. En los discursos públicos, enfatizaban las imágenes de ciudades en ruinas y familias hambrientas, mientras que en las reuniones privadas con legisladores, presentaban proyecciones económicas que mostraban cómo el Plan Marshall beneficiaría a las industrias estadounidenses al abrir mercados para sus productos.

El diseño del Plan Marshall requería una combinación de pragmatismo y visión de futuro. Los países europeos que desearan beneficiarse de la ayuda debían presentar planes detallados de reconstrucción, fomentando la cooperación entre naciones que durante siglos habían estado divididas por guerras y rivalidades. Esta condición no solo garantizaba que los recursos se utilizaran de manera eficiente, sino que también sentaba las bases para una integración económica que más tarde culminaría en la creación de la Unión Europea.

En las reuniones iniciales, las tensiones eran palpables. Francia y Alemania, enemigos históricos, debían encontrar un terreno común. Los diplomáticos británicos, escépticos por naturaleza, trataban de equilibrar sus intereses nacionales con las demandas colectivas del programa. Pero la magnitud de la crisis económica obligó a los líderes a dejar de lado sus diferencias. El objetivo era claro: reconstruir Europa y evitar que cayera en el abismo del comunismo.

A medida que los fondos del Plan Marshall comenzaron a fluir, el impacto fue evidente. Las fábricas, que habían estado inactivas durante años, volvieron a la vida. Los agricultores, apoyados con nuevas tecnologías y equipos, incrementaron su productividad, mitigando la escasez de alimentos que había plagado al continente. Las ciudades devastadas comenzaron a reconstruirse, no solo en términos físicos, sino también en términos psicológicos. La esperanza, una emoción casi extinguida tras años de guerra, comenzó a resurgir.

En Francia, los trenes volvieron a cruzar el país, llevando mercancías y personas, un símbolo de normalidad restaurada. En Alemania Occidental, la reconstrucción industrial avanzó a un ritmo sorprendente, estableciendo las bases para el llamado "milagro económico" que redefiniría el país en las décadas siguientes. Cada éxito en Europa era también un triunfo para Estados

Unidos, que veía cómo su inversión no solo producía resultados tangibles, sino que también consolidaba su posición como líder del mundo libre.

El éxito del Plan Marshall no estuvo exento de desafíos y críticas. Algunos argumentaron que la ayuda estadounidense favoreció a ciertas naciones sobre otras, exacerbando desigualdades existentes. Otros cuestionaron el impacto a largo plazo de la dependencia económica. Sin embargo, pocos podían negar que el programa había logrado sus objetivos fundamentales: revitalizar las economías europeas y contener la expansión soviética.

En retrospectiva, esta es la esencia del Plan Marshall: una combinación de estrategia, visión y pragmatismo. Fue un recordatorio de que las crisis globales requieren respuestas globales, y que la cooperación, aunque difícil, es esencial para superar los desafíos más complejos de la humanidad.